1　「小治田宮」墨書土器

雷丘東方遺跡《いかずちのおかとうほういせき》の奈良時代の井戸から出土した土器群。「小治田宮《おはりだのみや》」と記されていたことから，ここが奈良時代の小治田宮であることが確定した。しかし，推古《すいこ》天皇の小墾田宮《おはりだのみや》は，まだ謎である。

2　飛鳥寺西の槻樹広場

飛鳥寺西方遺跡には，石敷やバラス敷が広がる。ここで蝦夷《えみし》や隼人《はやと》などの服属儀礼が行われていた。残念ながら槻木《つきのき》はまだ見つかっていないが，一ヵ所だけ怪しい場所がある。

3　幻の百済大寺

吉備池の南東で巨大な基壇（金堂）が見つかった。さらにその西では巨大な塔基壇もある。並外れた規模をもつこの寺院は，天皇勅願の百済大寺《くだらのおおでら》の可能性が高い。

4　段状構造をもつ方墳

都塚古墳《みやこづかこふん》は，これまでに例をみない階段状の石積みをもつ墳丘である。6世紀後半の築造時期や，石舞台古墳の近くにあることから，蘇我氏《そがし》の墓とも推定されているが，渡来系の要素も多くみられる。

5　舒明陵か？　蝦夷墓か？

小山田古墳《こやまだこふん》は，石貼りの掘り割りをもつ一辺80 mもある巨大方墳である。甘樫丘《あまかしのおか》の南麓にあることから，舒明天皇《じょめいてんのう》の初葬墓とも，蘇我蝦夷の大陵ともいわれている。

6　八角形墳の天皇陵

牽牛子塚古墳《けんごしづかこふん》は越（小市）丘陵にある八角墳である。発掘調査で八角形が確認された希有な事例で，合葬を予定した刳り抜き式の石槨《せつかく》や，豪華な副葬品の出土からみて，真の斉明天皇陵《さいめいてんのう》であろう。

7　大田皇女墓の発見

塚御門古墳《つかごもんこふん》は，発掘するまで知られていなかった古墳である。鬼の俎雪隠《まないたせつちん》と同構造をする石槨や，牽牛子塚古墳のすぐ前にあることは，『日本書紀』の記述を彷彿させる。

飛鳥・藤原の宮都を語る

「日本国」誕生の軌跡

相原嘉之

吉川弘文館

「飛鳥・藤原の考古学」の構築に向けて

一四〇〇年間、飛鳥を見つめ続けた眼差《まなざ》しがあります。まっすぐと南を向き、じっとそこに座して、さまざまな歴史を見つめていました。飛鳥寺に鎮座している「飛鳥大仏」です。

飛鳥で初めて建築された異国風の建物。屋根には瓦を載せ、柱は鮮やかな朱色をし、天にまで聳《そび》えるような高層建築でした。そこで遣隋使とともに中国から来た裴世清《はいせいせい》とも出会ったことでしょう、寺の南には天皇の王宮が営まれましたが、そこで起こったのは、歴史の転換点でもあった「乙巳《いっし》の変《へん》」です。一時、都は難波《なにわ》や近江《おうみ》に遷ることもありましたが、この飛鳥は一貫して王都であり続けました。その王都にふさわしい開発をしたのが斉明《さいめい》女帝です。漏刻《ろうこく》や迎賓館《げいひんかん》、そして多くの石造物群を作り、異国や辺境の人々を招き入れ、飛鳥をわが国の中心としたのです。しかし、東アジアをめぐる国際情勢は、まさに動乱の時代でした。唐と朝鮮三国の関係は緊迫したもので、わが国もこの渦のなかで、国造りを模索していたのです。そうしたなか、友好国であった百済《くだら》再興のため、初めて国外での戦闘を行うものの、唐《とう》・新羅《しらぎ》の圧倒的な軍事力の前に敗北します。白村江《はくそんこう》の戦いです。古代において、初めて異国からの侵略の危機を感じた時代です。近江に都を遷したのもこのためでした。その後、壬申《じんしん》の内乱《ないらん》を経て、飛鳥へと凱旋《がいせん》してきた天皇は、唐に並ぶ制度改革や国家形成に力を入れるようになります。「天皇」という名称を初めて使い、最古の鋳造貨幣《ちゆうぞうかへい》「富本銭《ふほんせん》」を発行するなど、制度整備を推し進めます。そして、唐に倣《なら》った条坊制都城《じょうぼうせいとじょう》「藤原京」を造営し、大宝律令《たいほうりつりょう》を発布するなど、ソフト・ハードが整いました。大宝元年

（七〇一）正月「文物の儀、是に備われり」と記されるのは、まさに「日本国誕生」を国内外に高らかに宣言したものです。

さて、「飛鳥・藤原の考古学」が目指すメインテーマは「日本国誕生」です。この時代に「日本」という国家が誕生しました。時間の観念が確立し、役所の機構ができ、税制度も始まりました。もちろん戸籍《こせき》や住所表示も決まり、「日本」と国際的に名乗ったのもこの時代です。私たちの生活様式が、ここから始まったといっても過言ではありません。

このような歴史を今に伝えるのは、『日本書紀』や『万葉集』などの文字史料、そして発掘調査・研究の成果です。飛鳥地域では、今日もどこかで発掘調査が行われています。時には新聞紙上を賑《にぎ》わす発見もありますが、多くは地道な作業です。本書では、これら飛鳥・藤原地域の遺跡についてみていきたいと思います。新たな発掘成果はどのような意義があり、どのような課題が残されているのかなど。そして、飛鳥時代の歴代天皇の時代を、王宮を基軸として、その時代の歴史や遺跡を紹介したいと思います。

飛鳥・藤原の宮都を語る

［目　次］

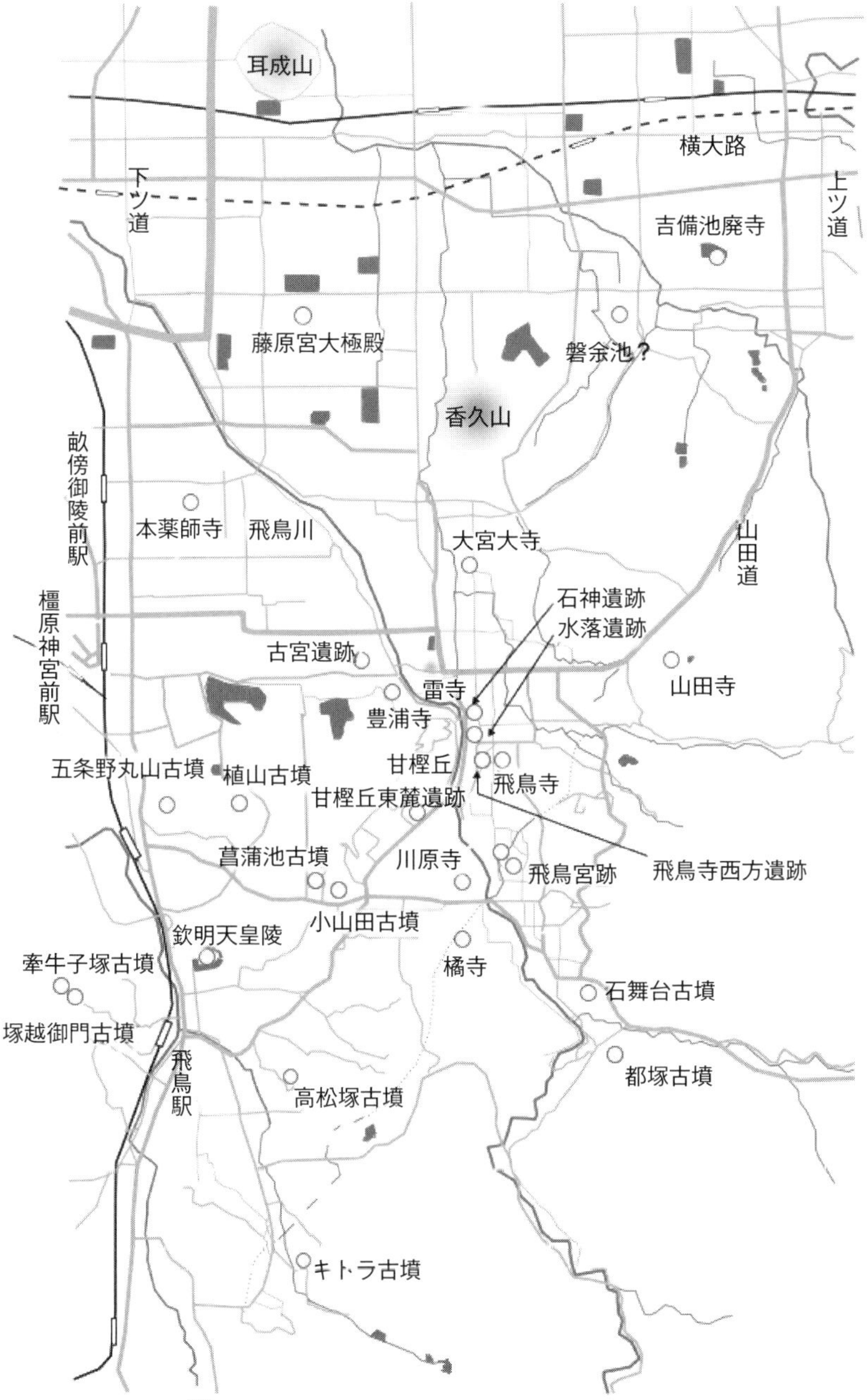
耳成山
横大路
下ツ道
上ツ道
吉備池廃寺
藤原宮大極殿
磐余池？
香久山
畝傍御陵前駅
本薬師寺
飛鳥川
大宮大寺
山田道
橿原神宮前駅
石神遺跡
水落遺跡
古宮遺跡
山田寺
雷寺
豊浦寺
甘樫丘
飛鳥寺
五条野丸山古墳
植山古墳
甘樫丘東麓遺跡
菖蒲池古墳
川原寺
飛鳥宮跡
飛鳥寺西方遺跡
小山田古墳
欽明天皇陵
橘寺
牽牛子塚古墳
石舞台古墳
塚越御門古墳
飛鳥駅
都塚古墳
高松塚古墳
キトラ古墳

飛鳥・藤原京全図

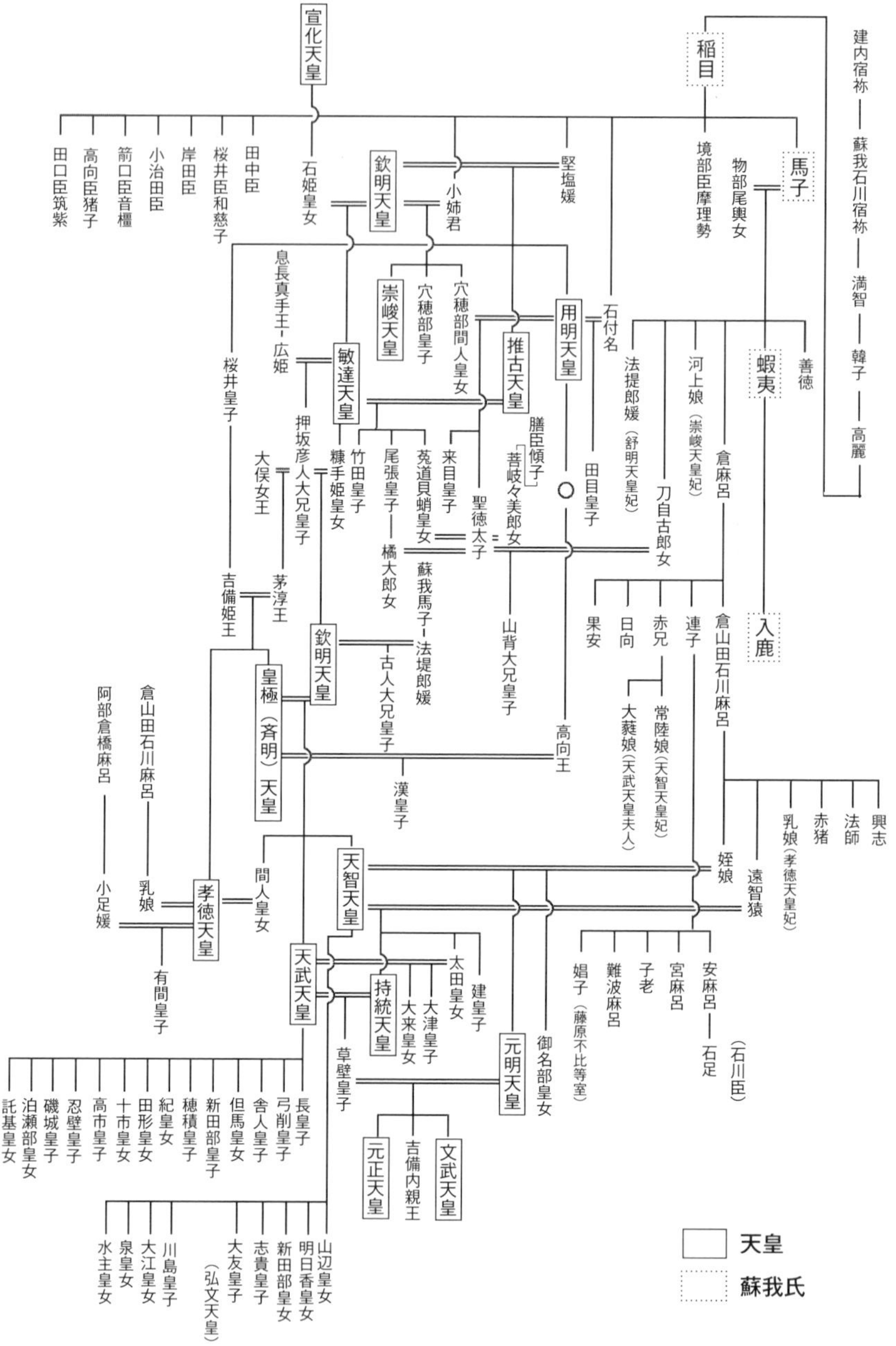
建内宿祢
蘇我石川宿祢
満智
韓子
高麗
稲目
馬子
境部臣摩理勢
物部尾輿女
蝦夷
入鹿
善徳
倉麻呂
河上娘（崇峻天皇妃）
刀自古郎女
法提郎媛（舒明天皇妃）
石付名
倉山田石川麻呂
連子
赤兄
日向
果安
常陸娘（天智天皇妃）
大蕤娘（天武天皇夫人）
興志
法師
赤猪
乳娘（孝徳天皇妃）
遠智娘
姪娘
安麻呂
石足
（石川臣）
宮麻呂
子老
難波麻呂
娼子（藤原不比等室）
宣化天皇
石姫皇女
田中臣
桜井臣和慈子
岸田臣
小治田臣
箭口臣音檀
高向臣猪子
田口臣筑紫
堅塩媛
欽明天皇
小姉君
崇峻天皇
穴穂部皇子
穴穂部間人皇女
用明天皇
推古天皇
田目皇子
高向王
膳臣傾子
菩岐々美郎女
聖徳太子
山背大兄皇子
来目皇子
菟道貝蛸皇女
尾張皇子
竹田皇子
橘大郎女
敏達天皇
息長真手王
広姫
押坂彦人大兄皇子
糠手姫皇女
桜井皇子
大俣女王
茅淳王
吉備姫王
舒明天皇
蘇我馬子
法提郎媛
古人大兄皇子
皇極（斉明）天皇
漢皇子
倉山田石川麻呂
阿部倉橋麻呂
乳娘
小足媛
孝徳天皇
有間皇子
間人皇女
天智天皇
天武天皇
太田皇女
建皇子
持統天皇
大津皇子
大来皇女
元明天皇
御名部皇女
草壁皇子
元正天皇
吉備内親王
文武天皇
長皇子
弓削皇子
舎人皇子
但馬皇女
新田部皇子
穂積皇子
紀皇女
田形皇女
十市皇女
高市皇子
忍壁皇子
磯城皇子
泊瀬部皇女
託基皇女
山辺皇女
明日香皇女
新田部皇女
志貴皇子
大友皇子（弘文天皇）
川島皇子
大江皇女
泉皇女
水主皇女
天皇
蘇我氏

飛鳥時代系図

I 推古朝のふたつの王宮

推古天皇の時代

飛鳥の歴史は、飛鳥寺の建立から始まります。そして、崇峻《すしゅん》五年（五九二）に推古《すいこ》天皇が豊浦宮《とゆらのみや》で即位してから約一〇〇年間、飛鳥地域に歴代の王宮がつぎつぎと営まれ、多くの寺院や関連施設群、そして奥津城《おくつき》である古墳が築造されました。このことは『日本書紀』の記録だけでなく、発掘調査によっても明らかになっています。しかし、これまでの発掘調査で解明されているのは、飛鳥時代でも中頃から後半にかけて、つまり斉明《さいめい》朝から天武《てんむ》・持統《じとう》朝が中心です。近年でこそ蘇我蝦《そがのえみ》夷《し》・入鹿《いるか》と同時代の遺跡も解明されつつありますが、推古天皇の時代はまだ謎が多い。今回は推古天皇のふたつの王宮である豊浦宮・小墾田宮《おはりだのみや》の意義について考えてみることにします。まず、その背景となる推古天皇の時代がどのような時代であったかをみてみたいと思います。

推古天皇の宮と寺

この時代の幕開けは飛鳥寺で始まります。飛鳥地域で最初に建てられた巨大な建築物は、宮殿ではなく、用明二年（五八七）に発願された飛鳥寺でした。この段階では、天皇はまだ飛鳥に王宮を営んではおらず、現在の桜井市方面にいました。飛鳥寺は蘇我氏が建立したわが国初めての七堂《しちどう》伽藍《がらん》を備えた寺院でした。おそらく蘇我氏

図1　甘樫丘から飛鳥寺を望む

図2　甘樫丘から豊浦を望む

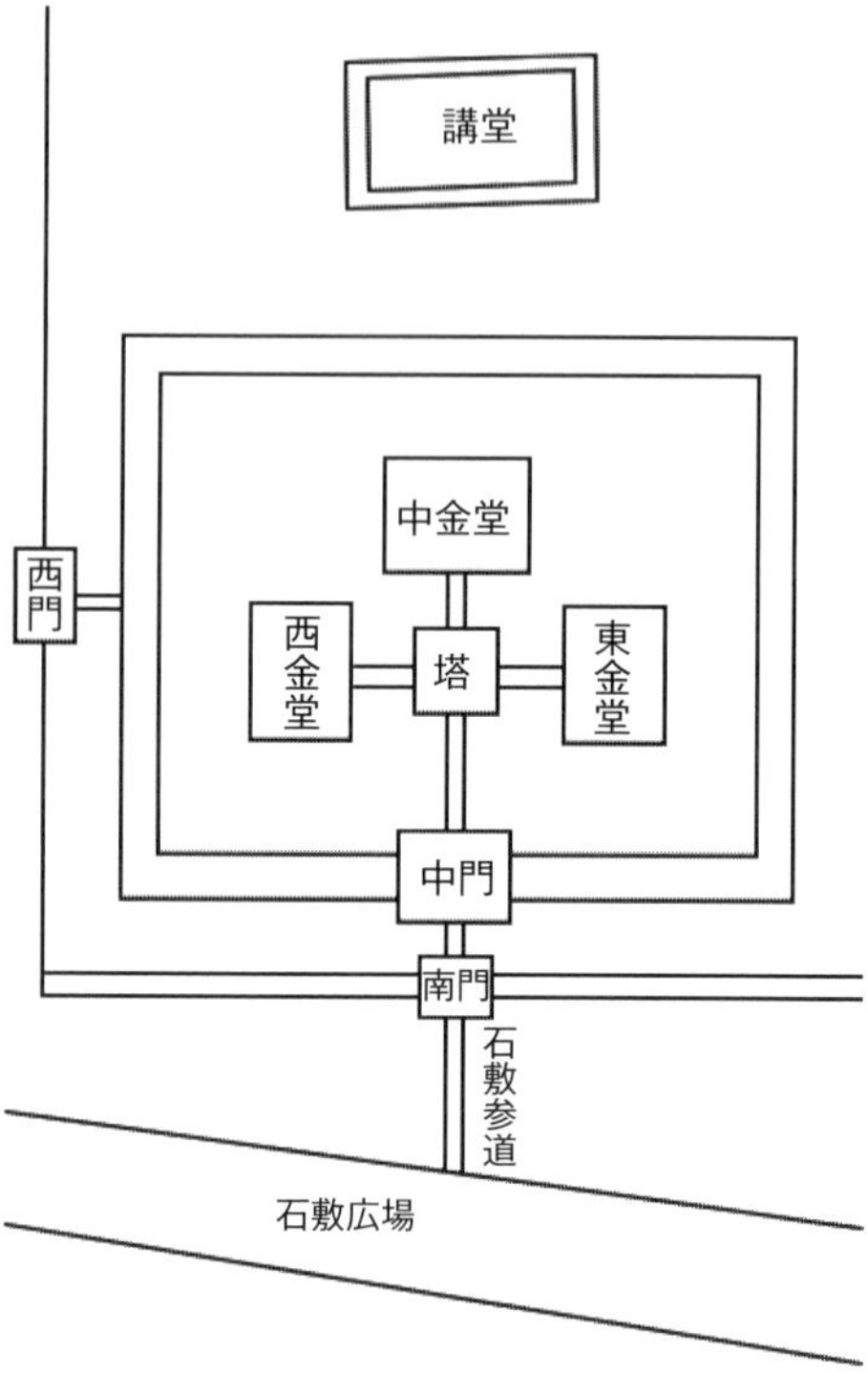

図３　飛鳥寺伽藍配置図

は自分の支配する範囲に巨大な寺院を建立し、そこに天皇を呼び込もうと計画したと思われます。実際、崇峻天皇が暗殺されたのち、崇峻五年に推古天皇は豊浦宮で即位しています。ここに初めて天皇家が飛鳥へと進出してきたのです。推古九年には推古天皇を蘇我馬子《うまこ》とともに支え、補佐してきた厩戸《うまやとの》皇子《みこ》（聖徳太子《しょうとくたいし》）が、飛鳥から離れた斑鳩《いかるが》に宮と寺を建立します。斑鳩宮と斑鳩寺（若草伽藍）です。推古一三年には上宮王家《じょうぐうおうけ》は斑鳩へと移り住んでいます。厩戸皇子が斑鳩に宮と寺の造営を始めた同じ年、推古天皇も耳成行《みみなしのあん》宮《ぐう》に遷ります。この遷宮の理由は明らかではありませんが、一説には小墾田宮遷宮に向けての準備ではないかともいわれています。そして、推古一一年には小墾田宮へと遷っていきました。なおこの頃、飛鳥寺のほかに豊浦寺・奥山廃寺・和田廃寺・橘寺《たちばなでら》などでも小規模な堂があったか、すでに本格的な造営が始まっていたことも、発掘調査で出土する瓦の文様からうかがえます。

推古朝の内政

このような王宮では、どのような政治が行われていたのでしょうか。ここではいくつかの政策について紹介し

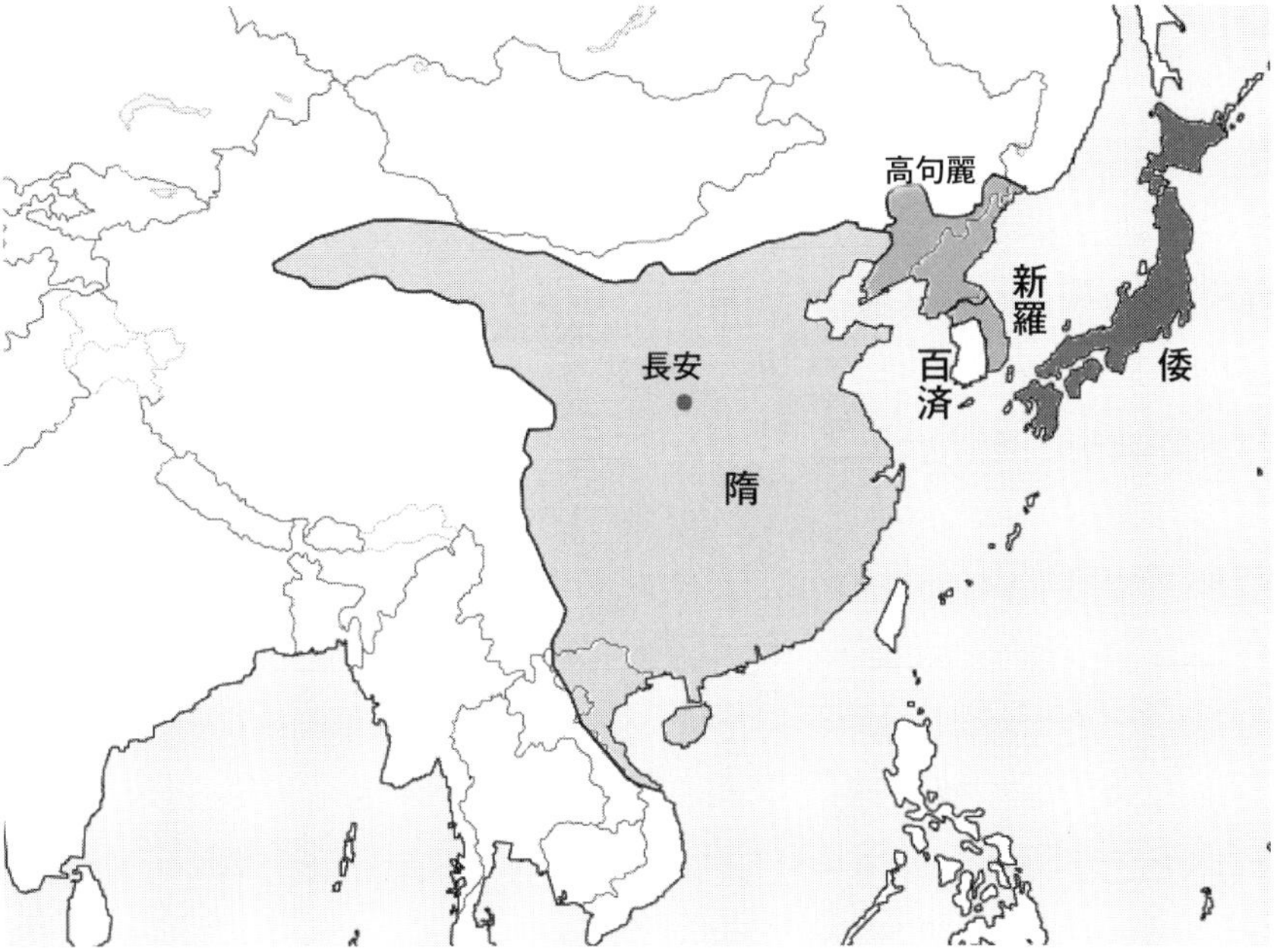

図４　隋を中心とした東アジア情勢図

ます。推古天皇は即位してすぐ、推古二年（五九四）に三宝興隆《さんぼうこうりゅう》の詔《みことのり》を出します。飛鳥寺をはじめとして、寺院・僧侶、そして仏法の振興を唱えたもので、推古三二年には少なくとも四六の寺院が建立されていたことがわかります。さらに推古一一年には中・下級官人を対象とした冠位十二《かんいじゅうに》階《かい》の身分制度を制定します。これによって、人民の序列化が始まり、翌推古一二年には憲法十七条を発布し朝礼制度を改定して、法治国家への道を歩み始めます。そして推古二八年には、『天皇記』『国記』などの史書編纂を開始します。これらの史書は乙巳《いっし》の変《へん》に際して、蘇我蝦夷が自宅で『天皇記』などを焼くという記事があることから、蘇我氏の邸宅に保管されていたことがわかります。

推古朝の外交

では、当時の国際関係はどうでしょうか。推古朝には五世紀の倭の五王の時代から、久しぶりに公式な国使が派遣されました。遣隋使《けんずいし》です。推古朝には数え方にもよりますが、四回の遣隋使が派遣されています。このうち推古八年（六〇〇）の第一回遣隋使は、日本側の記録にはなく、『隋書』倭国伝に記されているだけです。この時、隋の文帝に日本の政治の様子を聞かれた国使は「天を以て兄となし、日を以て弟となす」と答え、「大いに義理なし」として改めるようにいわれたとされます。おそらく、日本側にとってはあまりよくない内容だったために、日本側の記録から抜けたのかもしれません。続く推古一五年の第二回遣隋使は、小野妹子《おののいもこ》を派遣しました。ここで有名な「日出づる処の天子、日没する処の天子に書を致す」という国書を携えていきます。この「日出づる所の天子、日没する所の天子」の国書について、隋の煬帝《ようだい》は激怒したとされますが、近年の研究では、「日出づる処……日没する処……」という表現に怒ったのではなく、当時の隋は中華思想によって、皇帝が最高位であるので、周辺国の大王はその臣下であるという意識がありました。つまり「天子」というのが、隋のほかにあってはならないという点にこだわったものと考えられています。推古一六年の遣隋使は、小野妹子とともに来日した裴世清《はいせいせい》を送るために出されたもので、このなかには、のちの大化改新《たいかのかいしん》にあたって活躍をすることになる僧旻《そうみん》や南淵 請 安《みなぶちのしょうあん》などの留学生も派遣されています。そして隋に対して礼をとる内容になっていることから、東アジアの中華世界へと参入していきます。

このように推古朝の内政は、遣隋使という外交と密接にリンクしながら、東アジア世界のなかで発展していくことがわかります。

（飛鳥遊訪マガジン Vol.092 二〇一〇・一〇・二九）

豊浦宮の実像

推古《すいこ》天皇は、崇峻五年（五九二）に豊浦宮《とゆらのみや》を王宮とし、そこで即位しました。この豊浦宮、そして豊浦寺の場所は明日香村豊浦にある向原寺《こうげんじ》の場所と考えられています。しかし、この豊浦宮については、史料にもわずかしか現われず、発掘の成果からも、まだその構造を明らかにできてはいません。そこで、豊浦宮の跡地に建立されたとされる豊浦寺の歴史をみながら、豊浦宮の歴史についてもみていくことにしましょう。

豊浦宮・豊浦寺の歴史

豊浦寺の創建の経緯について記したものには、次のふたつがあります。『日本書紀』によると、欽明一三年（五五二）に聖明王《せいめいおう》が献上した金銅仏《こんどうぶつ》を蘇我稲目《そがのいなめ》が小墾田家《おはりだのいえ》に安置しました。その後、これを向原の家に移して寺（豊浦寺）としたとします。さらに敏達《びだつ》一四年（五八六）に物部守屋《もののべのもりや》らが塔を倒して仏殿を焼き、仏像を難波《なにわ》の堀江に捨てたとします。一方、『元興寺《がんごうじ》伽藍縁起《がらんえんぎ》 並《ならびに》 流記資材帳《るきしざいちょう》』によると、五三八年に牟久原殿《むくはらどの》の仏殿が設けられ、これが敏達一一年には、桜井道場と呼ばれ、同一五年には桜井寺と改称し、等由羅寺《とゆらでら》に発展したと記しています。また、豊浦宮を豊浦寺に改めたとも記しています。

豊浦寺の創建については、これらふたつの記事によって、おおよその経緯はうかがえますが、年代的には問題

図5　向原寺

があります。一方、『日本書紀』などの正史に豊浦寺が記載されるのは、推古三六年まで下ります。推古三六年に山背大兄王《やましろのおおえのおう》が蘇我蝦夷《えみし》の病の見舞いに来たときに、豊浦寺に滞在した記事があります。この頃には山背大兄王が滞在できる堂がすでにあったことがわかります。おそらく、金堂《こんどう》だったのでしょう。そして舒明《じょめい》六年（六三四）には豊浦寺の塔の心柱《しんばしら》を立てた記事があり、塔の建立がこの頃であったことになります。朱鳥《しゅちょう》元年（六八六）には、天武天皇の追福《ついふく》のため、飛鳥五大寺のひとつである豊浦寺でも無遮大会《むしゃのだいえ》が行われていました。

図6　豊浦寺伽藍配置図

豊浦宮・豊浦寺の発掘成果

これまで、豊浦宮と豊浦寺の歴史を見てきました。豊浦宮が豊浦寺の前身施設であったことはわかります。しかし、豊浦宮についての実態はわかりません。ここでは豊浦寺の発掘成果と、それに付随して断片的にわかってきた下層遺構、つまり豊浦宮の発掘成果について紹介しましょう。

まず最も古い遺構は六世紀後半頃のものです。現在の向原寺（豊浦寺）境内で、古代寺院の基壇《きだん》（講堂）がみつかりました。さらにこの下層、つまり講堂建築以前の地層で、六世紀後半の掘立柱建物がみつかっています。建物の周囲には石敷が広がっていました。建物の周囲を石敷舗装するのは、飛鳥の宮殿の特徴であり、豊浦寺の下層から見つかったことから、豊浦宮の有力な候補地といえます。また、これと同じ時期の石組溝《いしぐみみぞ》が甘樫坐《あまかしにいます》神社境内でも見つかっています。

図7　豊浦宮の遺構

図8　豊浦寺塔心礎

これらを壊して、寺院が建立されました。豊浦寺の伽藍《がらん》配置はやや特殊で、解明されていない点もたくさんあります。基本的に主軸は正南北からわずかに西に振れます。これは豊浦の現在の集落方位や地形に符合するものです。堂塔は南から、塔、金堂、講堂と並びます。しかし、塔については、発掘調査が古いこともあって、金堂からやや離れ、方位も少し異なっています。今後の再調査が望まれます。また、回廊はまだ確認されていません。甘樫坐神社境内で確認された建物が、回廊の可能性もありますが、講堂のさらに北まで延びることから、尼房と考えられています。このように、伽藍配置の詳細は、今後解明していかなければなりません。

豊浦寺の堂塔のなかで、最初に建てられたのは七世紀初頭の金堂です。向原寺境内の南側（現在の集会所）の場所で、東西一七メートル、南北一五メートルの規模です。周囲には犬走《いぬばしり》の石敷もありました。金堂が造営された時期は、出土瓦からみて、ちょうど推古天皇が豊浦宮から小墾田宮へ遷った時期と一致します。七世紀前半には塔が建てられました。現在も塔心礎《とうしんそ》が集落内の民家の横に据えられています。史料では舒明六年（六三四）に心柱の立柱記事があり、符合します。講堂と尼房《にぼう》の建立も七世紀前半で、塔の建立からそう遠くない時期です。朱鳥元年（六八六）の五大寺での無遮大会の時には、豊浦寺主要伽藍は完成していたと考えられます。その後、奈良時代には金堂周辺に瓦を敷いたり、講堂の雨落溝《あまおちみぞ》を改修したりしています。

このように豊浦寺については、史料や発掘成果から、その様子が徐々にわかってきましたが、推古の最初の王宮である豊浦宮については断片的な情報しかありません。その規模も、地形からみて、最大でも南北一五〇メートル、東西八〇メートル以内の範囲と考えられます。

（飛鳥遊訪マガジン Vol.105 二〇一一・四・一五）

小墾田宮の実像

推古《すいこ》一一年（六〇三）、推古天皇は小墾田宮《おはりだのみや》へと王宮を遷しました。この小墾田宮の位置については、長らく豊浦寺《とゆらでら》の北方にある古宮土壇《ふるみやどだん》周辺（古宮遺跡）と推定されてきました。しかし、昭和六二年（一九八七）に、雷丘《いかずちのおか》の南東で奈良時代の井戸が発見され、そのなかから「小治田宮」と記された土器が多数出土しました。これによって、奈良時代の小治田宮については雷丘東方一帯にあることが判明したのです。さらにさかのぼって推古朝の小墾田宮も雷丘周辺に推定されることになりました。なお、小墾田宮の名称は飛鳥時代の『日本書紀』には「小墾田宮」、奈良時代以降の『続日本紀』には「小治田宮」と記されています。ともに、同じ宮を指していることから、ここでは飛鳥時代を「小墾田宮」、奈良時代を「小治田宮」として使用することにします。

小墾田宮の歴史

小墾田宮は、推古一一年（六〇三）に遷した王宮です。その宮の構造は、隋使《ずいし》である裴世清《はいせいせい》の入京の『日本書紀』の記事などから、岸俊男によって復元されています。南に門があり、そこを入ると庭が広がっています。そして、その庭には庁《まつりごとどの》と呼ばれる建物が東西に配置され、正面にはまた門があります。その門を潜《く》ると、天皇の居住

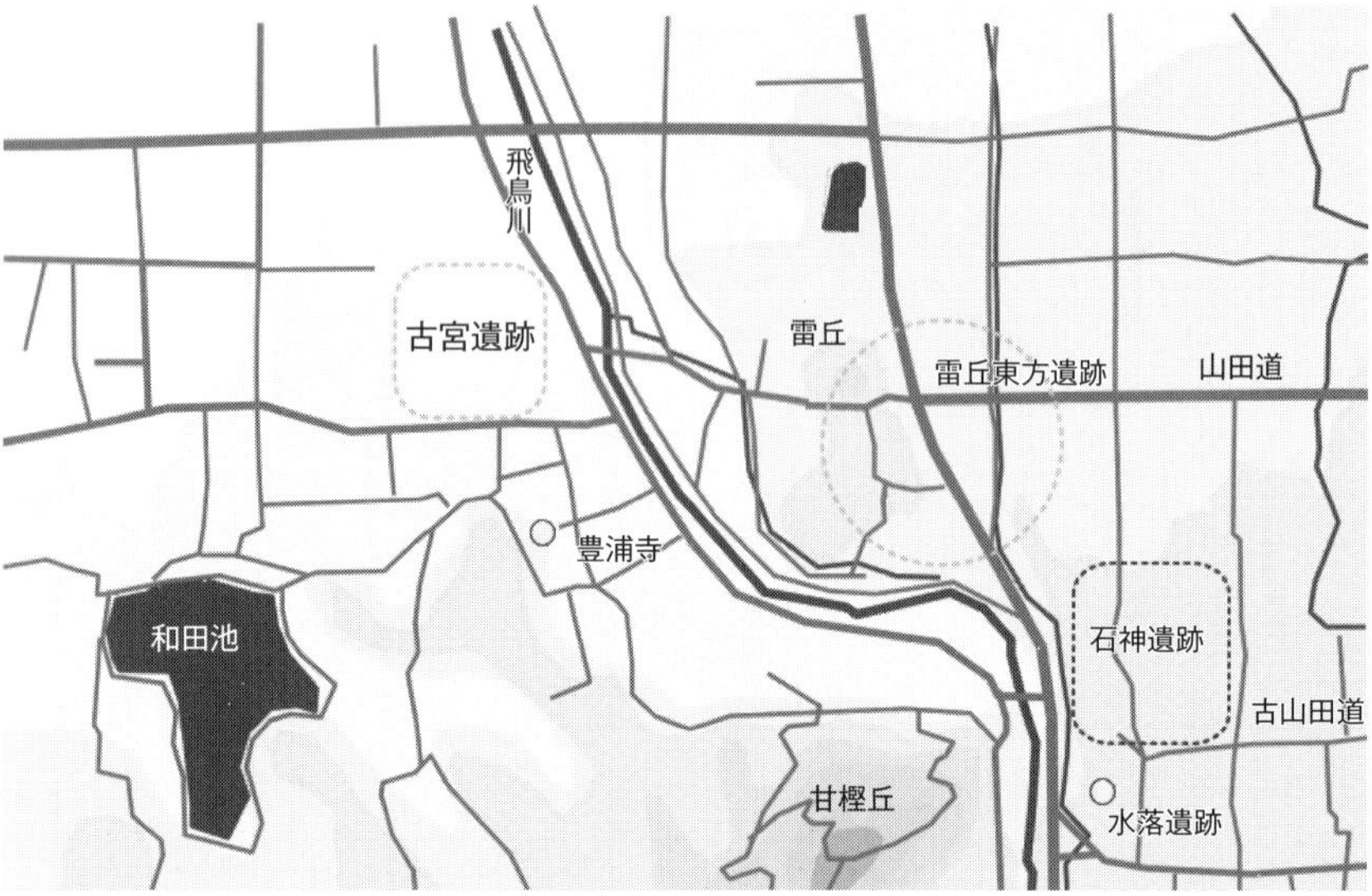

図９　古宮遺跡・雷丘周辺図

していた大殿があるという構造です。これはのちの内《だい》裏《り》・大極殿《だいごくでん》・朝堂院《ちょうどういん》の祖型になると考えられています。その後、小墾田宮は皇極元年（六四二）に、一時的に遷ったという記載があったり、大化五年（六四九）には蘇我《そがの》倉山田石川麻呂《くらやまだいしかわまろ》の子である興志《こごし》が小墾田宮を焼こうとした記事があったりすることから、何らかの形で宮は存続したものと考えられます。斉明《さいめい》元年（六五五）には小墾田に瓦葺《かわらぶき》の宮殿を造ろうとしています。宮殿に瓦が葺かれるようになるのは藤原宮からで、まだ、瓦葺の宮殿の造営は早すぎたのかもしれません。結局、これも断念しました。また、壬申《じんしん》の乱の時には、小墾田に兵庫《ひょうご》、つまり武器庫があったことが記されていますが、これが宮のなかの武器庫なのか、小墾田地域にあった武器庫なのかは、わかりません。

その後、都が藤原京・平城京へと遷ったこともあり、しばらくは記録に小墾田宮は現われません。次に記録にでるのは、天平宝字四年（七六〇）の淳仁天皇の時です。このとき播磨《はりま》・備前《びぜん》・備中《びっちゅう》・讃岐《さぬき》からの糒三〇〇〇を小治田宮に収め、天皇も五ヵ月にわたって、小治田宮に

図 10　古宮遺跡を望む

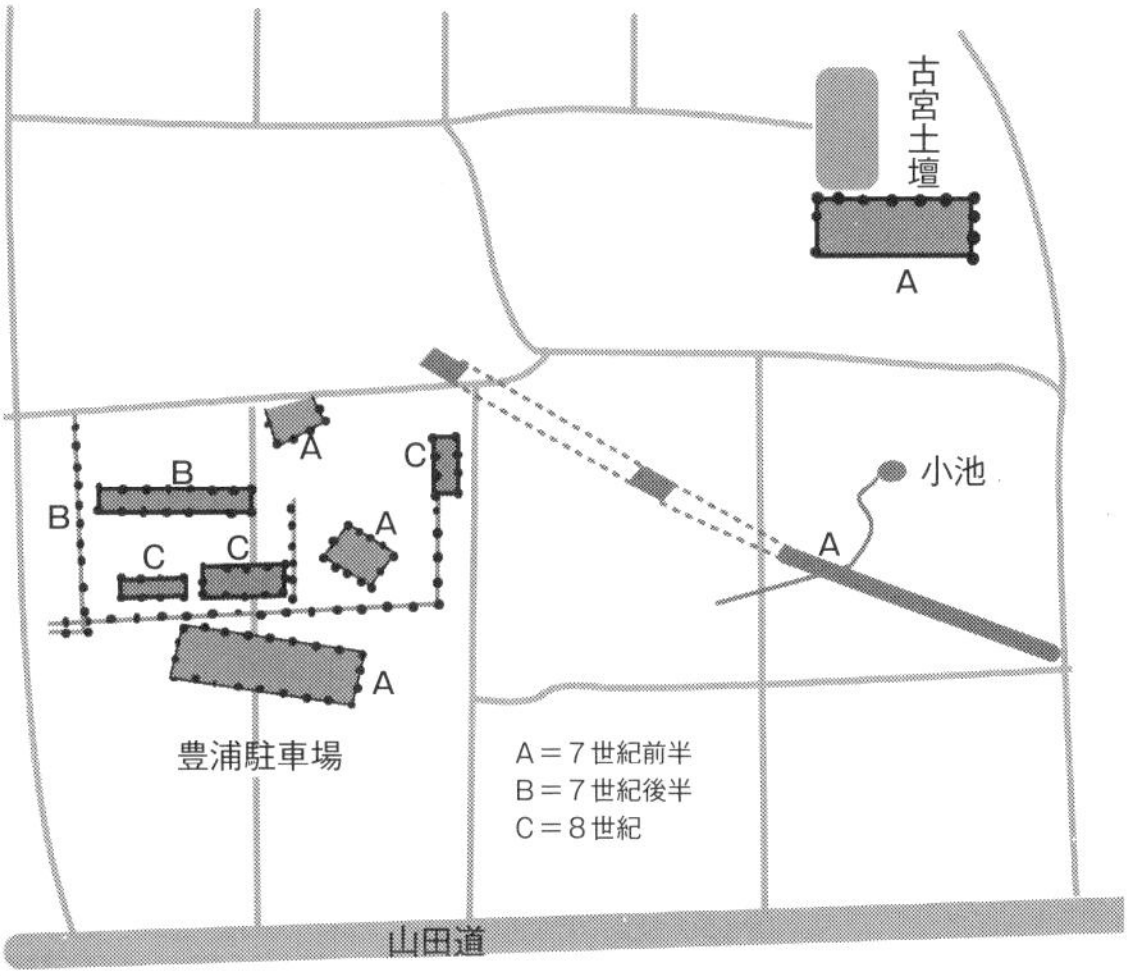

図 11　古宮遺跡配置図

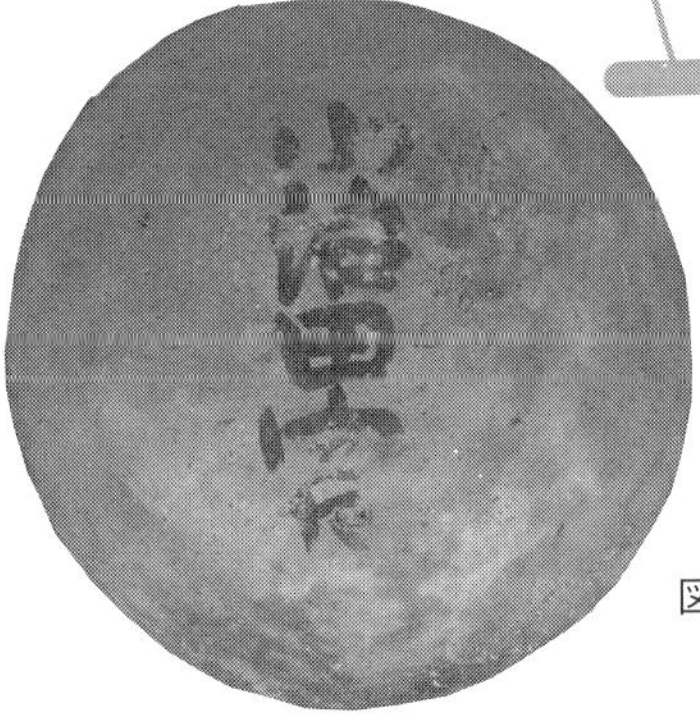

図 12 「小治田宮」墨書土器

滞在していました。ちょうどこの時期、平城宮の改造を行っていた時期なので、これに関連した行幸だと思われます。この記事から奈良時代の小治田宮は天皇が長期にわたって滞在でき、その間の政治を行える諸施設があったことになります。さらにたくさんの物を収納する倉庫の存在もうかがえます。また、天平神護元年（七五六）には称徳《しょうとく》天皇が紀伊国への途中に小治田宮で二泊しています。

このように記録からみるかぎり、小墾田宮は推古天皇の王宮として造られ、飛鳥・奈良時代を通して、離宮などとして改修しながらも存続していたことがわかります。

小墾田宮の発掘成果

最初にみたように、小墾田宮の候補地は二ヵ所あります。古宮遺跡と雷丘東方遺跡です。まず、古宮遺跡の発掘成果をみてみましょう。

古宮遺跡は豊浦寺の北方、阿倍山田道《あべやまだみち》の北側にあります。有名なのは古宮土壇で、これが宮殿にかかわる遺構と考えられていました。さらにこの周辺からは、現在宮内庁が所蔵している金銅製四環壺《こんどうせいしかんこ》が出土したという伝承もあります。ここでは大きく七世紀前半・後半・藤原京の頃の遺跡が見つかっています。七世紀前半の遺跡は石組小池や石組小溝を中心とした苑池《えんち》の遺跡です。多くのものが、正方位から振れた方位をしており、旧来の地形に即した配置です。これに対して七世紀後半になると正方位の建物や塀・溝が現われます。さらに藤原京の時代にも建物などが建てられていますが、長くは続きません。なお、古宮土壇は調査の結果、平安時代の土壇であることがわかりました。

このように古宮遺跡では、推古天皇の時代の庭園の遺跡が見つかり、七世紀後半の遺跡もありますが、宮殿の中心部分は未確認で、さらに奈良時代の小治田宮の時期の遺跡も確認されていません。

このようななか、雷丘の南東で「小治田宮」墨書土器が見つかり、にわかに注目されるようになりました。雷丘東方遺跡では、まず、七世紀前半の池や溝が見つかっています。池と考えられるのは貼石のごく一部だけしか確認されていませんが、苑池にかかわるものと思われます。また、溝は雷丘北東で見つかったもので、南西から北東へと斜行して流れる堀割状の溝です。七世紀中頃になると、雷丘のすぐ南で苑池の小池と石敷きが見つかっています。そして、七世紀後半には南北に長い建物などが散在するようになります。八世紀後半には「小治田宮」墨書土器《ぼくしょどき》を出土した井戸をはじめ多くの建物が見つかっており、そのなかには礎《そ》石《せき》建ちの倉庫も複数含まれています。

このように、雷丘東方遺跡では推古朝から奈良時代までの遺跡が継続して営まれており、このなかには「小治田宮」と記した墨書土器までありました。この土器の年代は八世紀末のものですが、井戸枠の材木を伐採した年代は、近年急速に発達した年輪年代法によると七五八＋α年ということがわかっています。このαを二年とすると、七六〇年となり、まさに淳仁天皇が小治田宮へ行幸するために作られた井戸ということになります。そして、奈良時代の小治田宮の範囲は雷丘を取り込んで、飛鳥川までの三〇〇《メートル》四方と考えられます。これらは現在の水田地割、つまり条里地割にのっとって造られていたことがわかります（飛鳥時代の小墾田宮はわかりません）。

いずれにせよ、小墾田宮は雷丘周辺に推古朝以来、奈良時代まで継続してあった可能性が極めて高くなったといえます。

（飛鳥遊訪マガジンVol.108　二〇一一・五・二七）

小墾田宮の構造

これまで、推古《すいこ》天皇の王宮である豊浦宮《とゆらのみや》と小墾田宮《おはりだのみや》について紹介し、前者は豊浦寺の下層にほぼ推定できましたが、後者では古宮遺跡と雷丘東方遺跡の二ヵ所にその候補地があることをみてきました。特に、雷丘東方遺跡が有力ですが、まだ課題もあり、特定するまでには至っていません。これらの諸問題について若干の検討をしたいと思います。

従来の小墾田宮の構造復元案

推古朝小墾田宮の宮殿構造については、発掘調査によってはまだわかっていません。しかし、すでに岸俊男によって『日本書紀』の記事の検討から、復元案が提示されていました。この復元案がこれまでの定説となっていたのです。まずこの案について紹介したいと思います。『日本書紀』の記事から小墾田宮の構造を考える記事は、推古一六年（六〇八）八月一二日条、推古一八年一〇月九日条、そして舒明《じょめい》即位前紀の三ヵ所にみられます。

推古一六年の記事は遣隋使《けんずいし》とともに裴世清《はいせいせい》が来日し、小墾田宮で国書を献上した記事です。ここでは、唐からの裴世清らを朝庭に呼んで、庭中に隋からの贈り物を置き、使いの主旨を述べ、国書を阿倍鳥臣《あべのとりおみ》に渡しています。さらに阿倍鳥臣から大伴連《おおとものむらじ》に国書を渡し、大伴連は大門の前の机に置き、門に向かって、その内容を述べるという儀礼が行われていました。この記事から、南に「朝庭」と呼ばれる空間（広場）があり、北に「大門」があることがわかります。さらにその内容からみて、大門の奥に推古天皇がいたことが容易に想像できます。

次に推古一八年の記事は、新羅《しらぎ》・任那《みまな》の使いが勅旨《ちょくし》を奏上した記事です。ここではまず、朝庭《ちょうてい》で礼をし、秦《はたの》造河勝《つくりかわかつ》らに導かれて南門から入って、庭中に立ちます。そして、ここで秦造河勝ら使いの主旨を述べ、河勝らはそれを「庁《まつりごとどの》」と呼ばれる建物の前に立つ蘇我蝦夷大臣《そがのえみしのおおおみ》らに伝えるという儀式が行われていました。この記事から、「南門」を入ると「庭」があり、その庭には「庁」と呼ばれる建物があることがわかります。

最後は舒明即位前紀の記事で、山背大兄王《やましろのおおえのおう》が病の推古天皇を小墾田宮に訪ねる記事です。山背人兄王は小墾田宮の門の外まで駆け参じます。そこで中臣連《なかとみのむらじ》が禁省《きんしょう》より出てきて、天皇の許可がでたので、閤門《こうもん》からなかに入れ、采女《うねめ》が中庭に迎えにでて、大殿《おおどの》に引き入れていました。この記事からは「閤門」と呼ばれる門の奥には、天皇の寝起きしている「大殿」があり、その前には小さな「中庭」があることがわかります。

岸俊男はこれらの記事がすべて小墾田宮の構造を示す記事と考え、さらに当時発掘調査で判明していた藤原《ふじわらの》宮《みや》や難波宮《なにわのみや》の構造と対比して、図13の左のような構造が復元されました。それによると、「南門」を入ると「朝庭・庭」があり、この庭には「庁」という建物があり、さらに奥に「閤門・大門」という門があり、この内側が「禁省」で、天皇の居住する「大殿」や「中庭」がありました。そして、これがのちの宮殿配置の原型になったと考えられていました。

新しい小墾田宮の構造復元

このような岸俊男の小墾田宮復元案は定説として考えられてきました。しかし、この復元案も断片的な史料からの解釈で、別の解釈も成り立つことが幾人かの研究者によって指摘されています。さらに飛鳥宮の発掘が進む

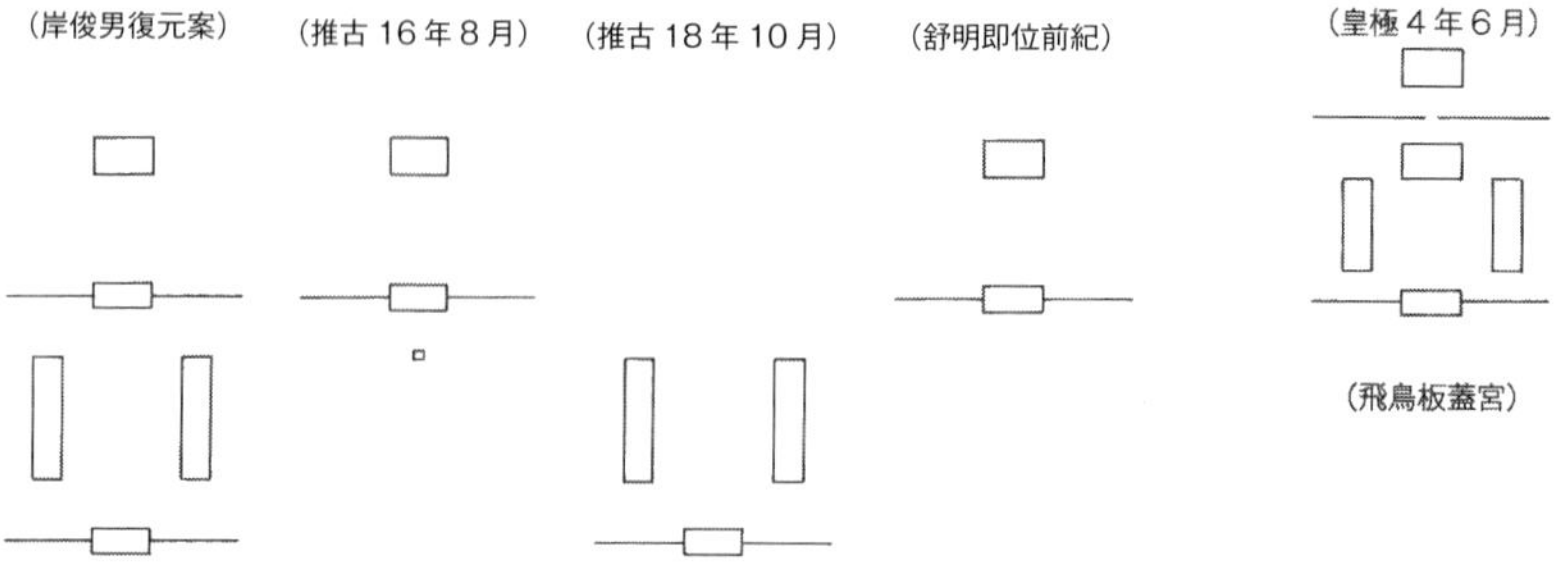

図13　小墾田宮と飛鳥板蓋宮復元図

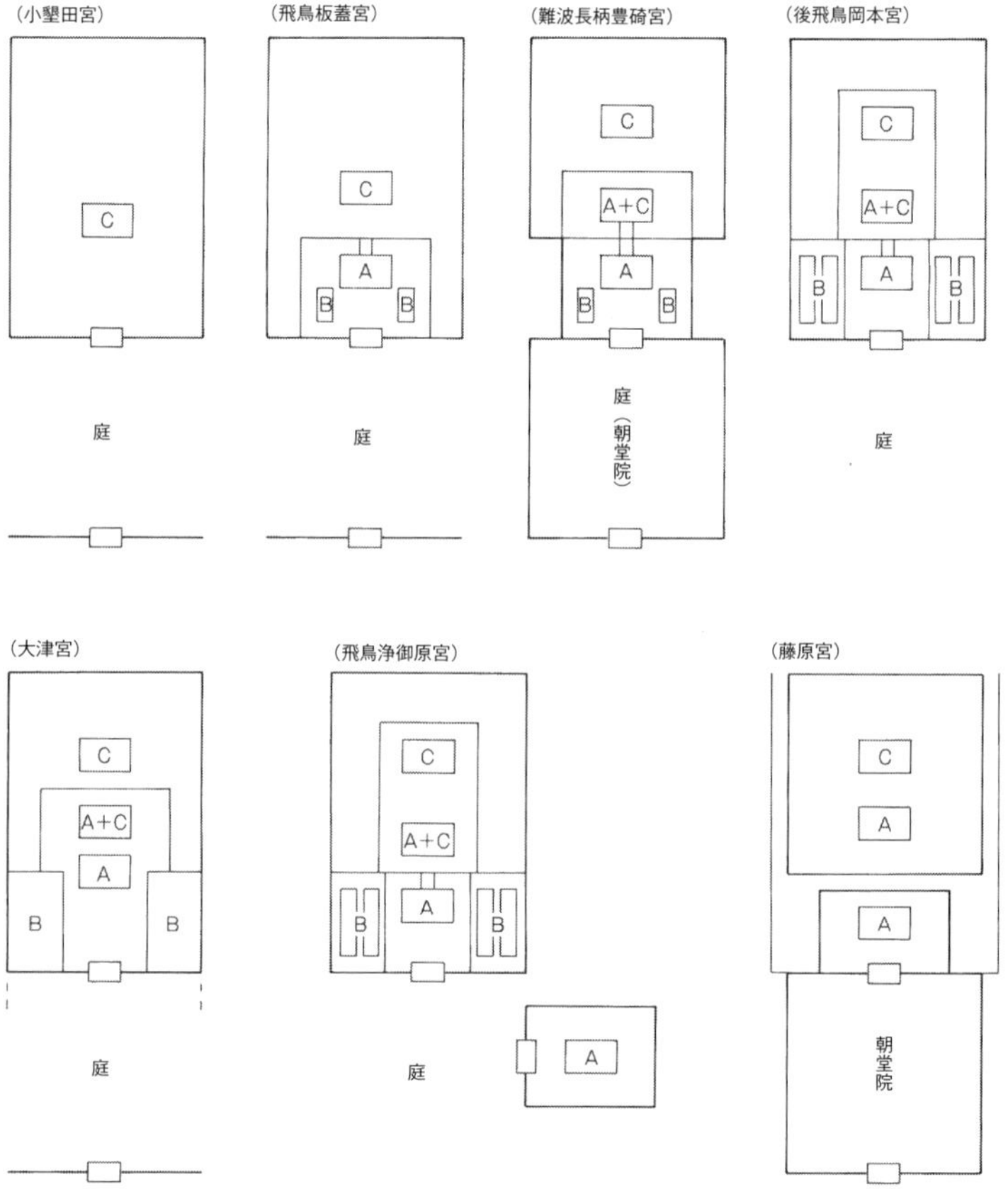

図14　王宮中心部の変遷模式図

A＝天皇の公的空間、B＝公的集議の空間、C＝天皇の私的空間

につれて、宮殿の殿舎配置の変遷からの検討も進んでいます。そこで宮殿配置の成果をもとに、史料を読み直してみると、ひとつの点が注目されます。推古一六年（六〇八）の記事は大門の奥に天皇が推定され、儀式の主催者が天皇であったことがわかるのに対して、推古一八年の記事では、天皇が現われず、庁の前にいる大臣が主催者であったことです。推古一六年と一八年の記事は、同じ宮殿中心部で行われたものではない可能性があります。ふたつの記事は別の場所の可能性があるのです。そして、舒明即位前紀の記事は天皇病で寝込んでいることから、天皇の居所であることがわかります。よって、推古一六年と舒明即位前紀の記事は小墾田宮の中心部の構造を示すものの、推古一八年の記事は小墾田宮の中心部ではないと解釈することも可能となります。そこで、推古一六年と舒明即位前紀のふたつの記事から小墾田宮の構造を復元すると、まず「南門」を入ると儀礼を行う「庭」があります。その正面に「閤門」と呼ばれる門があり、この奥が「禁省」と呼ばれる天皇のプライベート空間です。ここに天皇の居住している「大殿」とその前庭である「中庭」があったと考えられます（図14の左上）。つまり、のちの朝堂院に該当する施設はまだなく、天皇の居所である内裏に相当する施設しかないのです。そして、これは皇極天皇の飛鳥板蓋宮や斉明天皇の後飛鳥岡本宮の基本構造とも共通するものです。

このように小墾田宮の構造は、まだ発掘で確認されていないものの、飛鳥宮や難波宮・藤原宮の成果と、史料からうかがうことのできる構造をもとに復元することが可能となります。

（飛鳥遊訪マガジン Vol.112　二〇一一　七・一二）

「小治田宮」墨書土器出土の意義

前章まで、すでにみたように、奈良時代小治田宮《おはりだのみや》が雷丘《いかずちのおか》周辺に推定されるようになりました。それは整然とした建物群や礎石倉庫群をはじめ、平城宮《へいじょうきゅう》や難波宮《なにわのみや》と同じ型式の瓦が出土していたことから推測されました。さらにこれを決定づけたのが「小治田宮」と墨書《ぼくしょ》された多数の土器の出土です。しかし、「小治田宮」と書かれた土器が出土したからといって、確実にここが小治田宮といえるでしょうか。たとえば、小治田宮からこの地に土器が運ばれてきた可能性や、ここから小治田宮へ運び出される可能性。さらには、この地が別にある小治田宮を支える重要な施設であった可能性など、まだ多くの可能性が残されています。そこでこの墨書土器の出土した意義と、ここが小治田宮であった可能性を検証しておきましょう。

井戸の概要と出土状況

雷丘東方遺跡の概要はすでにみました。この遺跡の南部、ちょうど「上山」丘陵（雷丘のすぐ南にある丘）の東裾あたりに「小治田宮」墨書土器を出土した井戸があります。この井戸は南北四・八メートル、東西四・五メートル、深さ二・六メートルの穴に、長さ一・八〜一・九メートル、幅二五〜三〇センチ、厚み五センチ程度の桧板材《ひのきいたざい》を組んで、内寸一・六八メートルの井戸枠としています。井戸底には玉石《たまいし》を一〇㌢ほど敷き詰めていました。井戸枠の周囲には、四隅に柱を建てた穴があり、覆屋《おおいや》が架けられていたこともわかります。これほどの大きさの井戸は、平城京でもあまりみられないことから、重要な儀式に使われたか、この井戸水の使用する人物が高貴な人物であったことをうかがわせています。

この井戸の堆積土《たいせきど》は大きく、下層・中層・上層・最上層と分かれています。下層は井戸の使用時に堆積した土、中層は井戸を廃絶する時に一気に埋めた土、上層・最上層は廃絶後のくぼみに入れた土と考えられています。

図15　雷丘東方遺跡

図16　雷丘東方遺跡出土井戸枠

墨書土器の多くは、石敷直上と下層堆積土から出土しており、完全な形のものが多い（破損していても完形に復元できるものが多い）。つまり、井戸の使用中に、壊れた土器を投棄したのではなく、井戸廃絶直前に、使用しなくなった完形の墨書土器をまとめて投棄したことがわかります。

土器と墨書

では墨書土器そのものをみてみましょう。「小治田宮」墨書

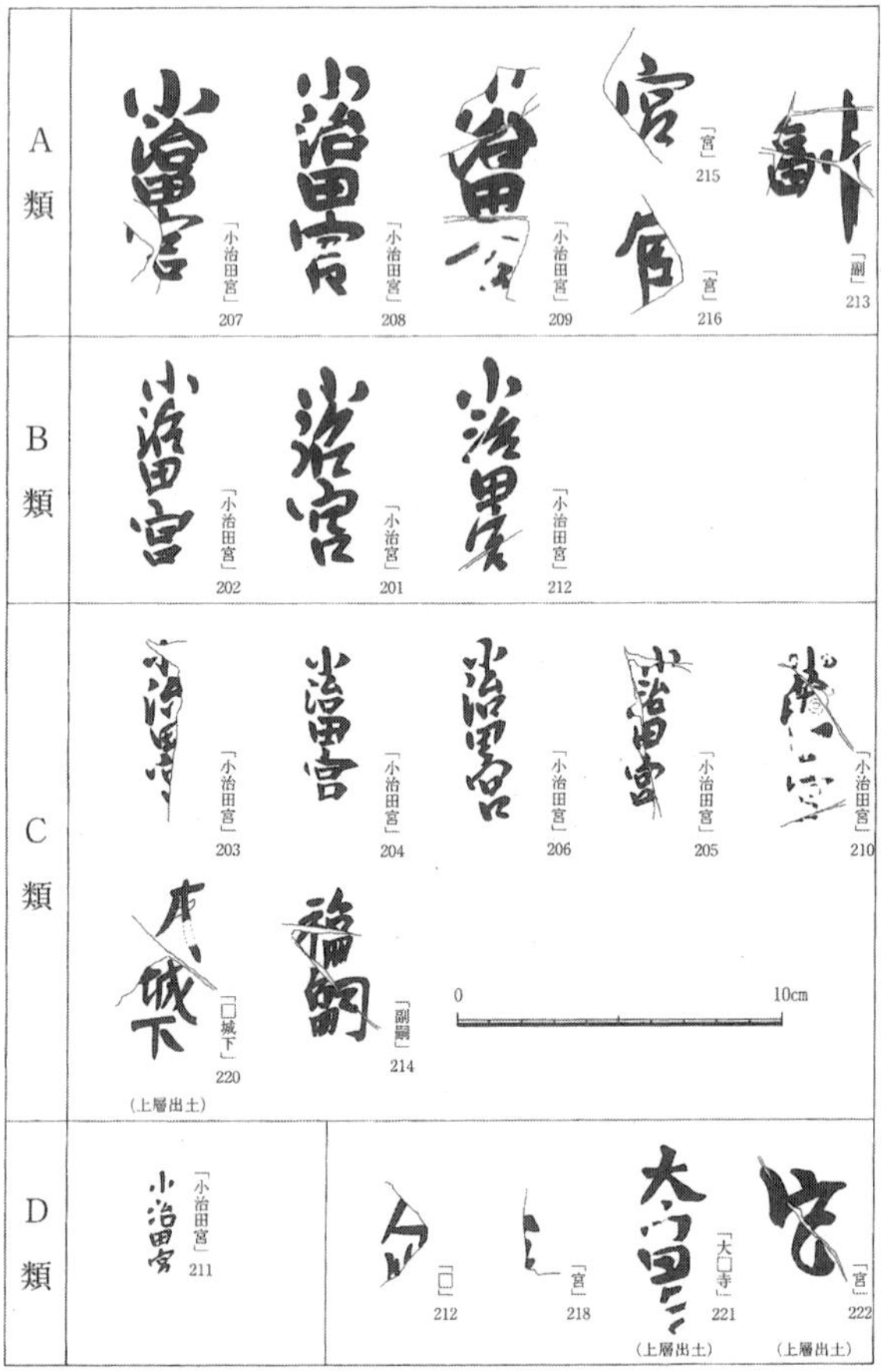

図17 「小治田宮」墨書土器分類図

土器は、これまでの研究により、八世紀末頃、ちょうど都が長岡京にあった頃のものです。さらに下層堆積土から出土した土器は九世紀前半頃のものまで含まれていたことから、この頃まで使用されていたことがわかります。ただ、残念なことに井戸の作られた時期は、土器からはわかりません。しかし、近年急速に進歩した年輪年代法の測定によると、この井戸枠材の伐採年代は淳仁二年（七五八）という数字が出ており、樹皮が残されていなかったことから、もう数年の＋αが考えられます。つまり淳仁四年頃の築造といえます。この数字はのちに重要な意味をもってくるのです。

さて、この井戸から出土した墨書をみると、一三点の墨書土器があります。このうち文字の判明するものは、「小治田宮」「小治宮」「副」「福嗣」「宮」「城下」などと記されていました。「小治田宮」「小治宮」は下層からの出土に限られますが、他の文字は上層からも出土しています。つまり、井戸の開削・使用時と廃絶時には同じ性格の施設が一貫してあったことがわかります。

続いて、文字そのものについて見ていきましょう。墨書を詳細に観察すると、文字の大きさや書風によって、四種類に分けることができます。これらのうち、文字の大きさの違いは筆の違い、つまり筆の太さが影響します。同じ人物であっても筆が代われば、文字の大きさが変わります。これに対して、書風の違いは書き手の違いを示しています。今回の分類では、文字の大きさと書風はほぼ一致しており、四種類の分類は筆及び書き手の違いとみられます。

ここでさらに重要なのは、墨書の分類が、器種や土器の産地を越えてみられることです。つまり、産地と墨書の分類が対応していれば、各生産地で墨書され、小治田宮へ運ぶ目印とされていたことも考えられますが、少なくとも各産地から集められた土器に、出土地で墨書をしたことがわかるのです。この遺跡で「小治田宮」と墨書する必要があったわけです。では、土器に墨書をする必要性とは何でしょうか。とくに、都や宮殿で土器に墨書するのは、ある組織集団内での土器管理に関する情報の伝達手段と考えられています。雷丘東方遺跡で「小治田宮」と墨書された土器が出土したことは、さまざまな検討を踏まえて、その他の可能性を排除でき、ここが奈良時代の「小治田宮」であったことを示しているのです。このことは『日本霊異記』に、「雷丘は古京小治田宮の北にあり」という記載からも裏付けられます。そして、奈良時代の淳仁《じゅんにん》天皇が小治田宮に行幸したのは淳仁四年、つまりこの井戸は、天皇行幸のために作られた井戸といえるのです。

（飛鳥遊訪マガジンVol.116　二〇一一・九・一六）

飛鳥前史を語る積石塚

都塚古墳の調査から

都塚古墳《みやこづかこふん》は、石舞台《いしぶたい》古墳のさらに奥にある古墳です。横穴式石室《よこあなしきせきしつ》のなかに、家形石棺《いえがたせっかん》が安置されていることで有名ですが、墳丘の形や大きさは明らかではありませんでした。この都塚古墳には、元日に金鳥《きんちょう》が鳴くという金鳥伝説があります。このことから別名、金鳥塚とも呼ばれています。明治時代には、石室内に一五～五五㌢程度の土砂《どしゃ》が堆積《たいせき》しており、石棺には朱《しゅ》が塗布されていたことが知られています。

都塚古墳がはじめて発掘調査されたのは、昭和四二年（一九六七）のことで、関西大学考古学研究室が実施しました。その結果、石室は南西に開口する両袖式の横穴式石室で、凝灰岩《ぎょうかいがん》の家形石棺と棺台があったことから、木棺《もっかん》が追葬されていたことがわかっています。また、出土遺物には土師器《はじき》・須恵器《すえき》・刀子《とうす》・鉄鏃《てつぞく》・鉄釘《てつくぎ》などがあり、六世紀後半頃の古墳と考えられています。

この時の調査は、石室内に限られていたため、墳丘《ふんきゅう》の大きさや形はわかっていません。今回は、古墳の規模と形態、

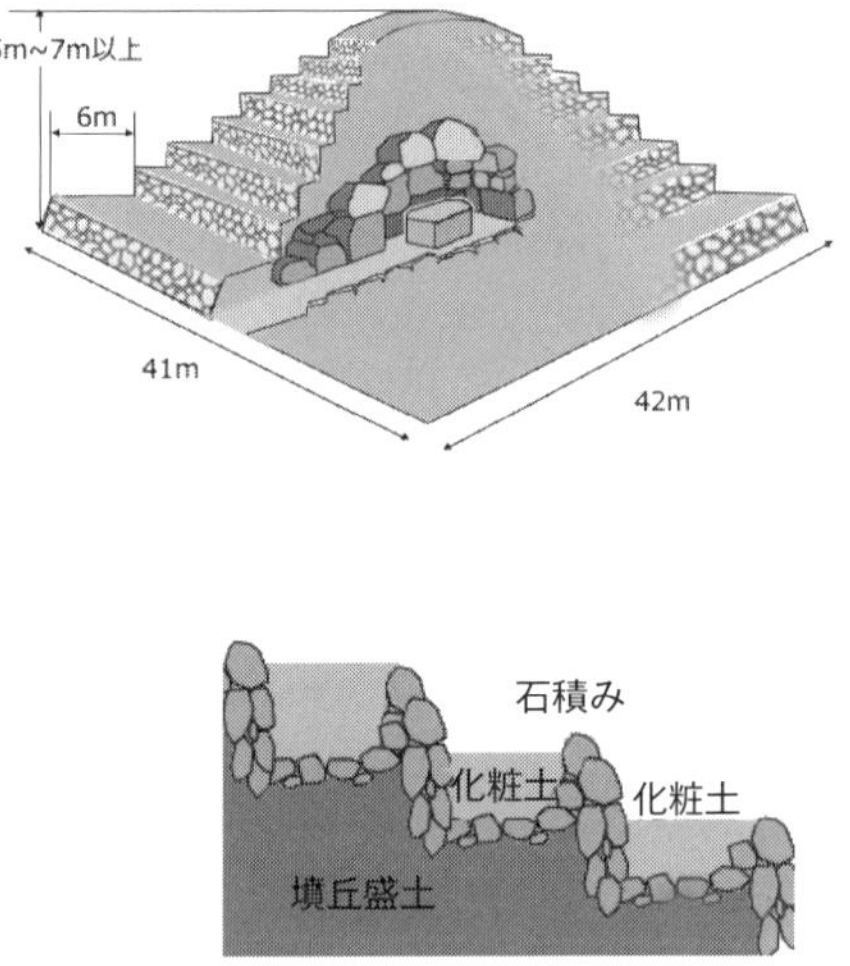

図 18　都塚古墳の構造図

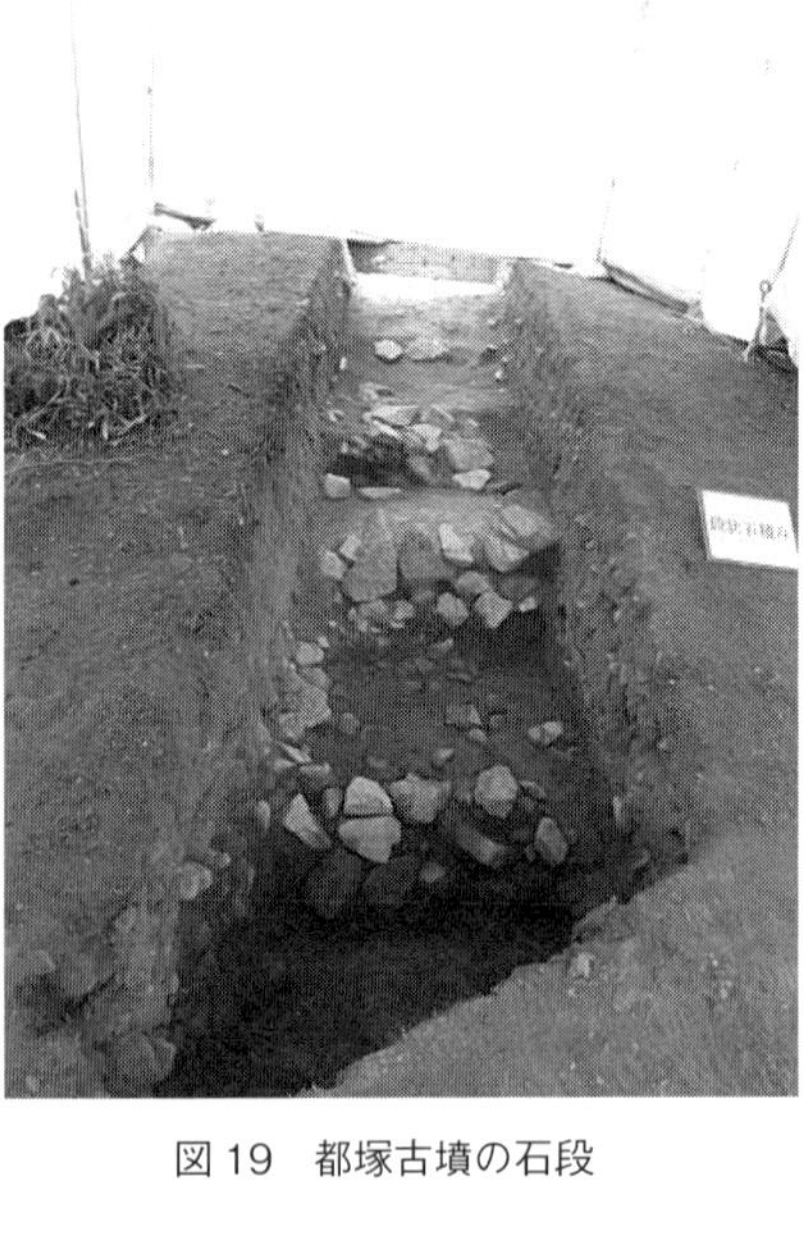
図 19　都塚古墳の石段

そして墳丘の構造を確認するために、明日香村《あすかむら》教育委員会と関西大学考古学研究室が合同で調査したものです。墳丘の周辺に四カ所、墳丘部で四カ所の調査区を設定しました。

墳丘は南から延びる尾根の先端に造られており、礫を多く含む基盤層を整形して造られた方墳です。墳丘の裾に石を並べて、方墳《ほうふん》の最下段を造っていました。その一辺は東西約四一メートル、南北約四二メートルに復元できます。墳丘上部は盛《も》り土《ど》を積み上げて造られていますが、このうち残りのよい東側をみると、少なくとも階段状をした四段分の石積がありました。削られている部分を考えると、さらに段数は増えます。段の高さは三〇〜六〇センチで川原石《かわらいし》を二〜三段積み上げています。各段の幅は一メートル程度でした。

このように都塚古墳は六世紀後半の横穴式石室に家形石棺を安置する、一辺四二メートル程度の方墳であることがわかりました。そして、その墳丘の形態は、石段によって階段状に積まれたもので、他に類例が少ない特殊な構造でした。

一辺四〇メートルの古墳は、この当時としては、かなり有力な人物の古墳といえます。天皇クラスではありませんが、二番目のグループの規模にあたります。蘇我馬子《そがのうまこ》の石舞台古墳が五〇メートル以上ですから、その下クラスの人物でしょうか。また、都塚古墳のような石段をもつ古墳は、日本ではあまり見られず、類例としては、時代は少し異なりますが、韓国ソウルにある石村洞古墳《せきそんどうこふん》や高句麗《こうくり》の将軍塚《しょうぐんつか》などにみられる積石塚《つみいしづか》の構造です。このことは古墳の性格を推定する有力な条件となります。

さて、この都塚古墳のある地域はどのような場所であったのでしょう。近辺には蘇我馬子の家と考えられる島庄《しまのしょう》遺跡や、その墓とされる石舞台古墳があるように、蘇我本宗家の拠点でありました。また、ここから細川谷《ほそかわだに》の北側に

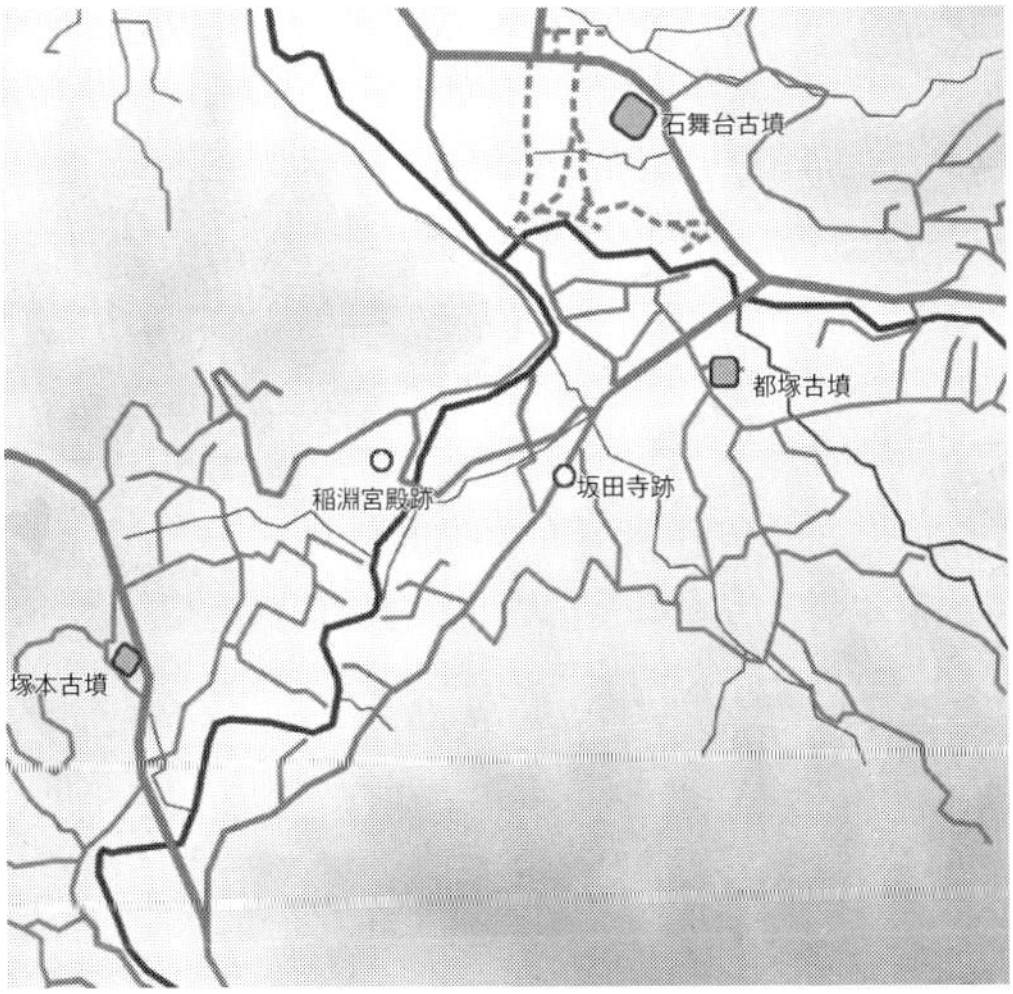

図20　都塚古墳の周辺図

図21　都塚古墳

は、数百基にも及ぶ古墳が造られた細川谷古墳群がありま
す。この中にはミニチュア炊飯具を副葬した古墳もあり、渡来《とらい》系色の強い古墳もみられ、蘇我氏の支配下にあった渡来系氏族の古墳群とされています。さらに隣接地には坂田《さかた》寺《でら》があり、鞍作《くらつくり》氏も近辺にいたことがわかります。

図22　都塚古墳の家形石棺

　このような周辺環境と先にみた六世紀後半という築造時期、渡来系要素の強い形態の古墳であること、蘇我氏や渡来人にかかわる地域であるということ、かなりの有力な人物であることから、蘇我稲目が被葬者候補として名前が挙がっています。ただし、蘇我稲目《いなめ》墓の有力な候補地は、これまでに五条野丸山《ごじょうのまるやま》古墳や梅山《うめやま》古墳が挙げられています。私は、梅山古墳が欽明天皇、五条野丸山古墳が蘇我稲目の墓ではないかと思っています。その理由は、古墳の年代は

もとより、梅山古墳は檜隈にあることや、蘇我稲目の邸宅が軽の地周辺にあることがその根拠となっています。では、都塚古墳が、その他の渡来人の墓である可能性はないのでしょうか？　先にみたように、細川谷古墳群には渡来系の遺物が出土しており、鞍作氏も周辺にいました。積石塚構造をしている点はこのことに有利になっていますが、これだけの規模の古墳を渡来人が造れたかは疑問です。いずれにしても、都塚古墳の被葬者については、蘇我稲目を有力候補とはしますが、五条野丸山古墳の存在は、これを躊《ちゅう》躇《ちょ》させる点です。

仮に被葬者が蘇我稲目でないとすれば誰が考えられるでしょうか？　蘇我本宗家は、史料によると建内宿禰《たけうちのすくね》→蘇我石河宿禰《いしかわのすくね》→満智《まち》→韓子《からこ》→高麗《こま》→稲目→馬子→蝦夷《えみし》→入《いる》鹿《か》と続きます。このなかで蘇我氏が歴史上に現われるのは蘇我稲目以降です。このこともあって、高麗以前については実在が疑問視されていることもあります。一方で、満智・韓子・高麗については、名前が独特で、異国風であること、蘇我満智が百済官人の木満致《もくまんち》と同一人物と考えられることから、実在していたと考え、さらに蘇我氏が渡来人である可能性を指摘する研究者もあります。このことは、石段をもつ方墳の理由として、彼の地の形態を模倣したともいえます。では、蘇我稲目でないとすると、次に可能性があるのは蘇我高麗です。高麗は六世紀前半の人物ですが、生没年は不明で、その功績も残されていません。これが実在を疑わせる理由にもなっているのですが、系譜どおりではなくとも、少なくとも稲目の父は実在したはずです。新興勢力である蘇我氏にとっては、その出自を正当化する必要がありました。このために蘇我稲目あるいは馬子が、蘇我高麗の墓を造った（改葬した）可能性はないでしょうか？　ひとつの仮説です。

（飛鳥遊訪マガジンVol.195　二〇一四・八・一二）

【参考文献】　明日香村教育委員会編『都塚古墳発掘調査報告書』（二〇一六）

【補注】　都塚古墳の所在する場所が古代の「坂田」に含まれるのであれば、鞍作氏の可能性も高いと考える。

石神遺跡B期の位置づけ

小墾田宮《おはりだのみや》が雷丘《いかずちのおか》周辺に推定されるようになると、その南東にある石神《いしがみ》遺跡の性格がにわかに注目されてきます。この遺跡は斉明《さいめい》朝の迎賓館《げいひんかん》として有名ですが、『日本書紀』の壬申の乱の記事に「小墾田兵庫《ひょうご》」という施設が記されており、石神遺跡との関連も注目されるのです。

石神遺跡の概要

石神遺跡は飛鳥寺の北西、水落《みずおち》遺跡の北に広がる遺跡です。明治三五（一九〇二）・三六年には、遺跡南端の小字「石神」の水田から須弥山石《しゅみせんせき》や石人像《せきじんぞう》と呼ばれる噴水石造物が見つかっています。これまでの発掘調査により、A～C期の三時期に区分されています。A期は斉明天皇の時代で、多くの建物が計画的に配置され、水路網や石組池、そして先の石造物もこの遺跡を飾るオブジェであったと考えられています。さらにここから東北産の土器や韓国新羅《しらぎ》産の壺《つぼ》・硯《すずり》などが出土しており、『日本書紀』に幾度となく記載される、蝦夷《えみし》らを饗宴《きょうえん》した場であると考えられています。なお、水落遺跡もこの時期に含まれます。B期は天武天皇の時代を中心として、A期の施設や水時計を撤去し、新たに全域を整地して建物を建てています。建物は総柱建物や南北に長い建物が多く、いずれも倉庫など収納施設と考えられます。また、北部地区では多くの木簡が出土しており、また南部では鉄鏃などの武器が出土しています。C期になると、さらに建物を建て替え、藤原京《ふじわらきょう》時代の役所と考えられています。

石神遺跡B期の性格

この遺跡のA期は、これまで斉明朝の迎賓館と考えられていました。では、A期を全面的に撤去して作られたB期はどのような性格であったのでしょうか。ここで注目されるのは『日本書紀』壬申紀にある「小墾田兵庫」

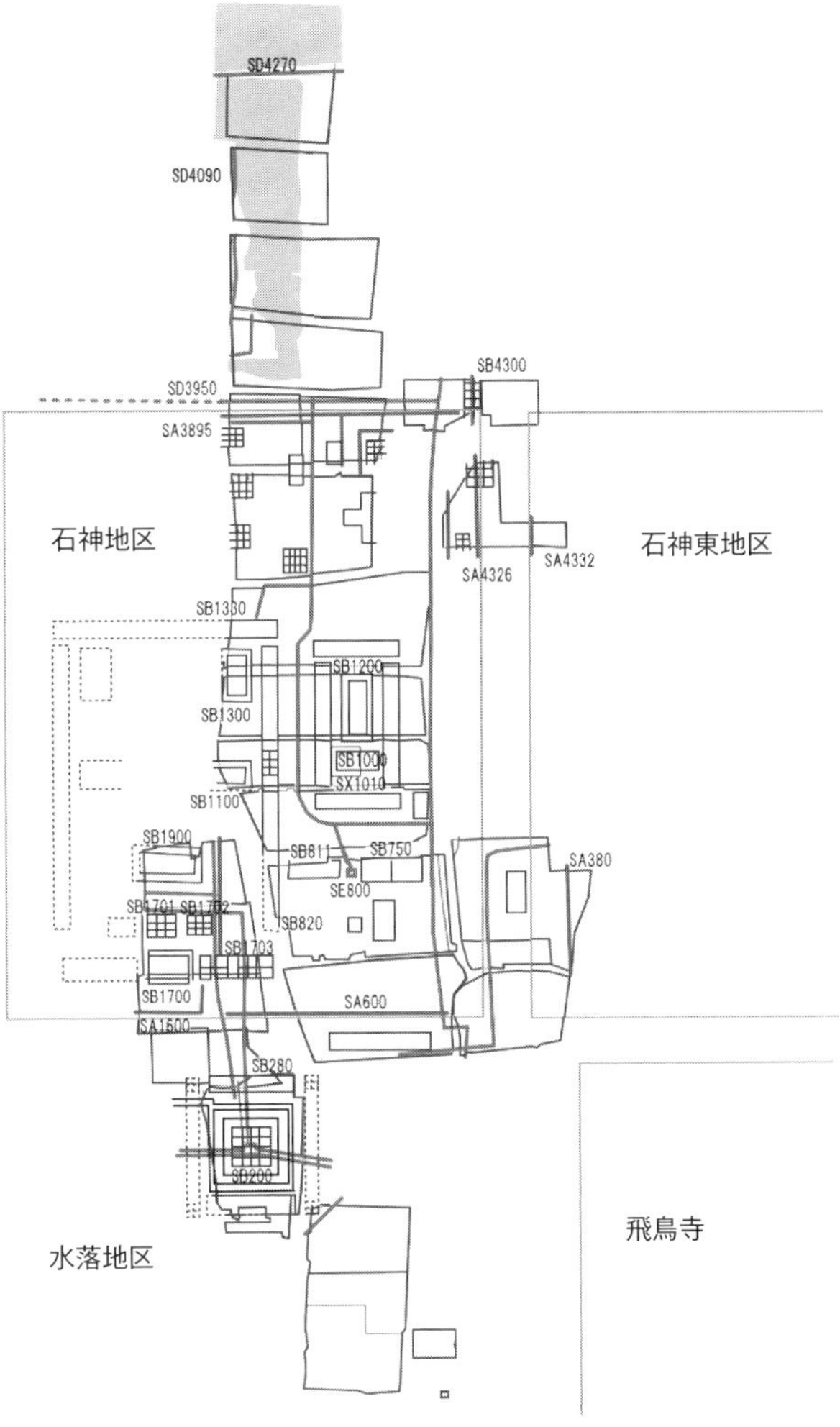

図23　斉明期の石神・水落遺跡配置図

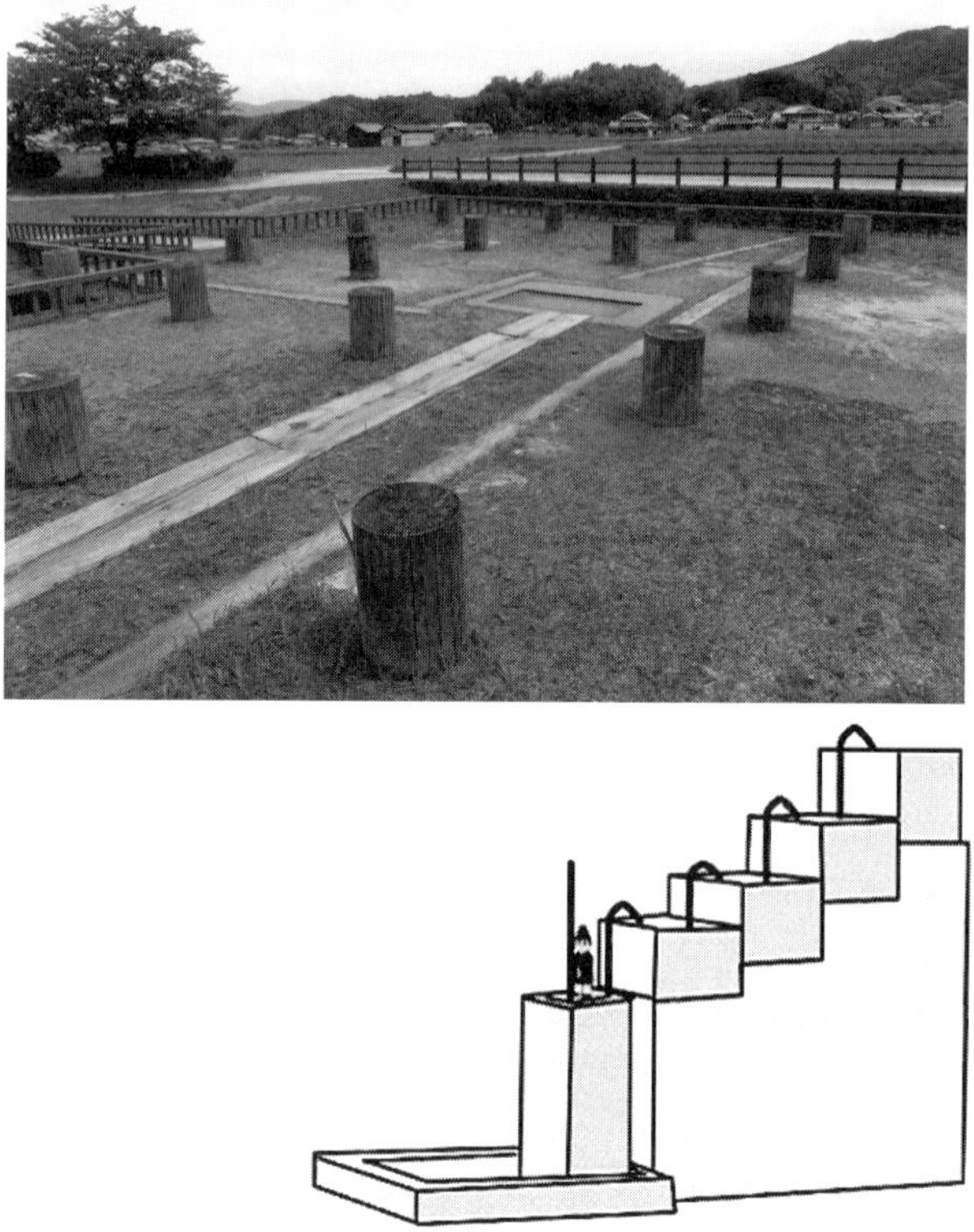

図24　水落遺跡（上）と漏刻図（下）

です。石神遺跡の南半の調査では多くの鉄鏃《てつぞく》が出土しています。特に、第四次調査では一〇〇本以上の出土があり、その出土遺構はC期の整地層や土坑《どこう》からです。よって、この鉄鏃の本来の帰属時期はA期あるいはB期と考えられます。そしてB期の造営に伴う整地層などからは出土していないことを考えると、B期に限定できそうです。この時期の建物は総柱建物、つまり倉庫です。また側柱建物も、南北に長い建物ばかりで、一般的な建物ではなく、やはり収納施設としていた可能性が高いと考えられます。そうすると鉄鏃を収納していた施設が建ち並んでいた可能性が考えられるのです。つまり「小墾田兵庫」であった可能性が高いのです。しかし、ここを「小墾田兵庫」とするためには、まだ二つの課題を克服しなければなりません。それは石神遺跡B期の造営時期の特定と小墾田の地域の範囲の問題です。今回は造営時期の問題を考えてみましょう。

石神遺跡B期の造営時期

石神遺跡はA期が斉明朝、B期が天武朝《てんむ》、C期が藤原京期と一般に考えられています。これは発掘成果からも大きく変更されることはありません。しかし、先にみたように、石神遺跡B期を壬申紀《じんしんき》にあらわれる「小墾田兵庫」とするためには、天武元年（六七二）がB期に含まれる必要があります。B期が天武朝を含む時代であることは間違いありませんが、その造営時期がどこまでさかのぼるかが問題となります。これまで、B期の造営年代について特定した研究はありません。また、特定できる材料もないのです。そこで南にある水落遺跡の廃絶時期からB期の造営時期の上限を考えてみたいと思います。

石神遺跡のA—三期は水落遺跡A期（漏刻《ろうこく》）と一連となって機能していました。漏刻の設置時期は斉明六年（六六〇）です。この遺跡は発掘調査で出土した土器からみて、極めて短期間だけ使用されていたことがわかっており、漏刻そのものも、地下構造を残して、上部は撤去されていました。この遺跡から北にある石神遺跡A—三期は一連で造営されており、廃絶も一体的です。漏刻の廃絶の下限は、天智天皇《てんじ》が大津宮《おおつのみや》に漏刻を設置した天智一〇年（六七一）となります。この漏刻は飛鳥から移した可能性が高いと考えられているからです。しかし、漏刻を近江遷都後も飛鳥に残して、大津へ一定期間運ばなかったとも考えられず、とすれば、近江遷都の天智六年三月が漏刻機能停止の下限と考えられます。このことは石神遺跡A期の井戸の廃絶年代が、出土土器から六六〇年代後半とすることとも一致しており、B期の造営をもっとも古く見た場合、この時期までさかのぼる可能性があります。

このように考えてよければ、天武元年の壬申《じんしん》の乱の時には、石神遺跡はB期に含まれており、「小墾田兵庫」の年代的な課題は解決することになります。

（飛鳥遊訪マガジンVol.120　二〇一一・一一・二五）

小墾田と飛鳥

石神《いしがみ》遺跡B期が史料にみる「小墾田《おはりだ》兵庫《ひょうご》」とすると、石神遺跡が古代の「小墾田」にあったとしなければなりません。本章ではこの問題を考えてみましょう。

飛鳥地域の地域名称

現在「飛鳥《あすか》」といえば、一般的に明日香村を中心として、橿原市・桜井市・高取町のそれぞれの一部を含む範囲と考えられています。これは広い意味で飛鳥を指す場合は正しいのですが、厳密な意味で飛鳥時代に「飛鳥」と呼ばれていたのは、飛鳥寺と飛鳥宮のある地域だけでした。その周辺にはさまざまな地域名称があったのです。たとえば、「豊浦《とゆら》」「川原《かわはら》」「橘《たちばな》」などです。これらは現在にも残る地名もありますが、「小墾田」など現在には伝わらない地名もあります。

この古代地域名称を考える材料は、史料にあらわれる宮殿名や寺院名、そして御陵名、万葉集の地名が参考になります。まず「飛鳥」には飛鳥岡本宮《おかもとのみや》や飛鳥板蓋宮《いたぶきのみや》、飛鳥寺があります。その西側には川原寺のある「川原」、橘寺のある「橘」、飛鳥の南方の奥飛鳥方面には嶋宮《しまのみや》のある「嶋」、坂田寺《さかたでら》のある「坂田」や「南淵」、飛鳥の北東には『万葉集』でも詠まれている「大原」「八釣《やつり》」、山田《やまだ》道沿いには山田寺のある「山田」、豊浦宮や豊浦寺のある「豊浦」、山田道と下ツ道の交差点である「軽《かる》」があります。一方、飛鳥の南西方向をみると「檜隈《ひのくま》」という地名があります。ここには東漢氏《やまとのあやうじ》の氏寺《うじでら》である檜隈寺や欽明《きんめい》・天武《てんむ》持統《じとう》・文武《もんむ》天皇陵である檜隈坂合陵・檜隈大内陵・檜隈安古岡上陵などがあります。下《しも》ツ道《みち》の西側には、身狭《みせ》（見瀬）・越智《おち》・佐田《さだ》などの地名があり、多くの古墳が築造されました。

　このように現在の地名などにその名称が残されている地域もありますが、現在は明確な地名として残されていないが、おおよそ推定できる地域もあります。「小墾田」もそのひとつです。小墾田宮が雷丘《いかずちのおか》周辺に推定され

図25　古山田道（上）と飛鳥横大路（中）と下ツ道（下）

たことから、「小墾田」は飛鳥の北側に推定できるようになりました。また、稲淵《いなぶち》では長屋王家木簡《ながやおうけもっかん》や龍福寺《りゅうふくじ》竹《たけ》野王石塔《のおうのせきとう》などから、平田峠の東側に「朝風《あさかぜ》」、橿原市植山《うえやま》古墳が推古《すいこ》天皇と竹田皇子《たけだのみこ》の合葬陵《がっそうりょう》の可能性が指摘されていることから甘樫丘《あまかしのおか》が大野、桜井市の吉備池廃寺《きびいけはいじ》が百済大寺《くだらのおおでら》と考えられることから、「百済」が香久山《かぐやま》北東に推定できます。

このような地域名称が少しずつですが、復元できるようになると、歴史の理解も空間的な理解が可能となります。よりビジュアルな歴史復元が可能となるのです。

地域名称の境界

では、地域名称の境界はどのように決められていたのでしょうか。古来、地域の境界は、山や川、そして谷などでおおまかに決まっていました。しかし、飛鳥時代になると、少なくとも七世紀中頃以降になると、直線道路が整備され、この道路が地域の境として位置づけられていたことが考えられます。たとえば、川原寺と橘寺の境には東西の直線道路（仮称飛鳥横大路）があります。この道路の北が「川原」、南が「橘」であったことがわかります。さらにこの東西道路の西への延長をみると、道の南側に「檜隈」が広がっていたことがわかります。その意味では、檜隈坂合陵と呼ばれた欽明天皇陵は、橿原市の丸山古墳ではなく、梅山古墳であることがわかります。また、下ツ道・紀路を境に西側に、身狭や越智や佐田の地名が広がっているのです。つまり七世紀中頃以降は、少なくとも道路が地域名称の境界であったと考えられます。

小墾田の範囲

そこで、「小墾田」の範囲を考えてみたいと思います。しかし、残念ながら範囲を明確にする材料はありません。

ただ奥山廃寺からは「少墾田寺」と読める墨書土器《ぼくしょどき》が出土していることから、このあたりは「小墾田」の範囲内であると考えられます。問題は「小墾田」と「飛鳥」の境界です。これが石神遺跡の理解に大きくかかわってくるのです。古道ということでは山田道が境界であった可能性が考えられます。現在確認されている山田道は、雷丘と飛鳥資料館を結ぶ県道と同じ場所です。しかし、奈良時代の小治田宮は、この山田道の北と南に展開しており、おそらく、小治田宮の東門に取り付いていたと考えられます。つまり、この山田道を境に地域名称（少なくとも飛鳥と小墾田）が区別されていたことは考えられません。そこで注意しなければいけないのは、この山田道は七世紀中頃に築道されたものであるということです。つまり推古天皇の時代の山田道は、別のところを通過していたのです。その有力な候補は、飛鳥寺北面大垣の場所です。大垣に沿って東西道路が想定されますが、現在も道路（竹田道）があり、その道は八釣の集落まで伸びていました。この道路が推古朝山田道であった可能性は高いと考えられます。

このように考えると、「小墾田」と「飛鳥」の境界はこの道であった可能性が高く、石神遺跡は「小墾田」地域に含まれることになります。

（飛鳥遊訪マガジンVol.125　二〇一二・一・二〇）

古宮遺跡の性格

これまでの検討から、小墾田宮《おはりだのみや》が雷丘《いかずちのおか》周辺に推定できるようになると、これまで小墾田宮の推定地とされていた豊浦《とゆら》の古宮遺跡《ふるみやいせき》はどのような性格だったのでしょうか。

古宮遺跡は七世紀前半の庭園を中心とした遺跡です。この時代、庭園をもつ遺跡というと、宮殿や豪族の邸宅の一部と考えられます。そこで注目されるのは、蘇我蝦夷《そがのえみし》が「豊浦大臣《おおおみ》」と呼ばれたことです。本章では甘樫丘《あまかしのおか》の遺跡群を踏まえて考えてみることにします。

甘樫丘東麓遺跡

広大な甘樫丘において発掘調査がなされている場所はそう多くはありません。これまで比較的広く発掘調査がなされているのは、蘇我氏との関連で注目された甘樫丘東麓遺跡と、丘の北麓にあたる平吉《ひきち》遺跡です。

そこで甘樫丘東麓《とうろく》遺跡をみてみましょう。ここは平成六年（一九九四）の調査で、焼けた建築部材や壁土、炭などが大量に出土しました。同時に出土した土器から七世紀中頃、ちょうど乙巳《いっし》の変《へん》の頃とわかります。甘樫丘の一角で七世紀中頃の焼けた建築部材が出土したことから、『日本書紀』の蘇我蝦夷が「天皇記・国記・珍宝を焼く」という記事にある蘇我蝦夷・入鹿《いるか》の邸宅ではないかとにわかに注目されました。その後、遺跡のあるこの小さな谷部を平成一七年以降継続的な調査を実施すると、多くの建物や塀、さらには石垣などがみつかり、七世紀前半から末まで、数時期の変遷があることもわかってきました。時代的には蘇我本宗家が滅んだ時期を前後する頃です。しかし、見つかった建物をみると、邸宅の中心になるような規模の大きな、廂のある建物はなく、小規模な建物や倉庫風の建物などで、どうも邸宅の中心部分ではなさそうです。

甘樫丘の遺跡群

では、この遺跡をどのように位置づけていけばよいのでしょうか。七世紀中頃に焼失した建築部材などが出土

図26　甘樫丘東麓遺跡の石垣

図27　古宮遺跡をのぞむ

し、『日本書紀』の記述と重なるとはいっても、文字史料が出土していないので、決定打には欠けます。甘樫丘は広大な面積を有する割に、これまで調査されている面積はごくわずかです。この甘樫丘東麓遺跡と、鋳造工《ちゆうぞうこう》房《ぼう》などが見つかっている平吉遺跡だけです。丘陵上には未調査地が数多く存在し、今後、他の地点で同時代の遺跡がみつかる可能性は高いと考えられます。さらに、現在の展望台から東斜面にかけてには、「エベス谷」という地名も残されており、蝦夷の邸宅の有力な候補地と考えています。

ここで注目される遺物が甘樫丘東麓遺跡から出土した軒丸瓦《のきまるがわら》・垂木《たるき》先瓦《さきがわら》です。これらは豊浦寺や古宮遺跡と同笵《どうはん》のもので、さらに平吉遺跡からは豊浦寺の瓦を大量に出土していることを考えると、甘樫丘にあるこれらの遺跡は、いずれも蘇我氏との関連の強い遺跡であるといえます。つまり、甘樫丘そのものが当時は蘇我氏の支配下にあったことが考えられ、邸宅中心部はまだ未調査の場所にあると考えられます。

古宮遺跡の性格

このように甘樫丘の遺跡を理解すると、古宮遺跡の性格もみえてきます。軒瓦の同笵関係からは、甘樫丘や豊浦寺との関係が強く、蘇我氏に関わる遺跡であることがわかります。さらに山田道に沿って、蘇我氏の邸宅や寺院が並んでいることからも裏付けられます。

そこで、蘇我蝦夷が豊浦大臣と呼ばれていたことが注目されるのです。豊浦の近辺で七世紀前半に庭園をもつ邸宅があることから、かなりランクの高い人物であったことが推定でき、その有力な候補として蘇我蝦夷がいるのです。

（飛鳥遊訪マガジン Vol.132　二〇一二・四・二七）

推古朝の宮の意義

推古《すいこ》天皇はふたつの王宮を造りました。豊浦宮《とゆらのみや》と小墾田宮《おはりだのみや》です。しかし、これまでの研究から、このふたつの王宮の間には、大きな違いがあったことがわかります。そこでそれぞれの王宮のもつ意味を考えてみましょう。

豊浦宮の意味

崇峻《すしゅん》五年（五九二）、推古天皇は豊浦宮で即位します。飛鳥地域で、初めての天皇の王宮です。豊浦宮は現在の向原寺《こうげんじ》（豊浦寺）周辺に推定されています。しかし、まだその遺構と考えられるものは、ごく一部しか確認されておらず、豊浦寺跡の下層で石敷を伴う掘立柱建物が見つかっているだけです。その主軸は正方位ではなく、地形に合わせて振れた方位をもっています。その王宮の範囲は、現地形からみて、最大でも南北一五〇㍍、東西八〇㍍以内の範囲しかとれません。実際には、王宮そのものは、もっと狭かったと考えられます。

推古天皇は、崇峻天皇暗殺ののちに即位したという事情をもっています。わずか一ヵ月目の飛鳥での即位もあって、豊浦宮が最初から本格的な王宮であったとは考えられません。また、飛鳥を含めて、豊浦の地は蘇我氏の拠点のひとつであり、推古天皇を飛鳥で即位させたのは蘇我馬子にほかならなかったのです。豊浦宮は蘇我氏の

図 28　飛鳥北部周辺図

邸宅を譲り受け、そこを改修して王宮とした可能性が高いと考えられます。その意味で、豊浦宮は王宮としては不十分であったと考えられます。古墳時代の前時代的な王宮であったといえるかもしれません。しかし、推古天皇は最終的に推古一一年までの一〇年間、ここを居所としていたのです。

小墾田宮の意味

推古一一年（六〇三）、推古天皇は、豊浦宮から小墾田宮へと王宮を遷します。推古朝の小墾田宮の所在地は特定されていませんが、奈良時代の小治田宮については雷丘の東方に判明しています。推古朝の小墾田宮も同位置か、その周辺に推定されますが、その構造は明らかではありません。一〇年間居住した豊浦宮から小墾田宮への遷宮については、大きな契機がありました。それは遣《けん》隋《ずい》使《し》の派遣です。わが国の史料には残されていませんが、『隋書』倭国伝には文帝との面会が記されています。おそらく隋の都や宮殿、政治システムをこのとき初めて目の当たりにしたことでしょう。これを裏付けるように、小墾田宮の造営と遷宮、そして冠位十二階《かんいじゅうにかい》の制定、憲法十七条の発布など、政治体制の整備をつぎつぎとと進めています。新たな王宮と法整備を行い、推古一五年に再び遣隋使を派遣したのです。

このようにみると小墾田宮造営は、遣隋使を通してみた、隋帝国の政治理念の反映にほかならないように思えます。その政治理念を、この小墾田宮の段階でどこまで吸収・反映できたのかはわかりません。その解決の鍵を握るのは、推古朝小墾田宮の解明にほかならないのです。その構造や造営方位、規模や建物配置などがわかれば、推古天皇の目指した政治理念をうかがうことができるのです。

推古朝の意義

推古朝には、ふたつの王宮がありました。しかし、豊浦宮と小墾田宮をみるとき、遣隋使派遣という画期を経て、両者には大きな違いがあります。前時代的な王宮から、東アジア的な王宮への変化です。豊浦宮への進出は、まだ日本というなかでの出来事でしかなかったのです。それは蘇我氏の計画の一環でもあったのです。

しかし、推古八年（六〇〇）に第一回遣隋使を派遣します。わが国が東アジア文化圏に参画しようとした瞬間です。ここで巨大な隋帝国に接するに及び、わが国は、ソフト、ハードともに急速に整備する必要性を痛感したのです。前者は身分制度の確立と法治国家の確立です。そして、後者は王宮・王都の整備です。

推古朝はまさに、律令国家《りつりょうこっか》への歩みを始めた時代といえます。その後の国造りは単純ではありませんが、大《たい》化改新《かのかいしん》や白村江《はくそんこう》の戦い、壬申《じんしん》の乱などを経て、わが国は形づくられていったのです。推古朝は、日本国誕生への序章の時代といえます。

（飛鳥遊訪マガジンVol.133　二〇一二・五・一一）

推古朝の小墾田宮についての覚書

推古《すいこ》朝のふたつの王宮の意義について、これまで考えてきました。豊浦宮《とゆらのみや》と小墾田宮《おはりだのみや》の間には、歴史上あるいは政治上大きな飛躍があったと思われます。本章ではこれまでふれてこなかった最大の謎、推古天皇の小墾田宮の位置について考えてみたいと思います。

小墾田宮推定の条件

まず、これまでに小墾田宮に関わっていくつかの点が判明してきました。これを整理すると、

①推古朝の山田道《やまだみち》（古山田道）は飛鳥寺北面大垣に沿ってある。
②七世紀中頃以降、山田道は現在の県道に移設される。
③「小墾田」は古山田道の北側に広がる地域名称である。
④奈良時代の小治田宮は雷丘《いかずちのおか》を中心とした地域にある。
⑤小墾田宮は推古朝から奈良時代まで何等かの形で存続している。
⑥奥山廃寺は小墾田寺と考えられる。
⑦小墾田宮は正方位をしている。

⑧王宮は内郭と外郭構造をとり、朝堂《ちょうどう》院型式ではない。

⑨王宮の規模は、内郭については一〇〇メートル四方以下である。

これらの条件をみたす王宮の設置可能な場所は複数存在します。そこでそれぞれの候補地について検討をしてみたいと思います。

小墾田宮の位置についての検討

奈良時代の小治田宮の位置については、雷丘を中心とした約三〇〇メートル四方であることがすでに判明しています。一般的に、同名の宮殿は、規模の変化はあるかもしれませんが、同じ場所にあると考えるのが自然です。現在、奈良時代の小治田宮内において、推古朝の遺構は、池の貼石と堀割状の遺構しかありません。しかも宮殿中枢部である内郭（のちの内裏）を占地可能な場所は、上山（雷丘の南の丘）の東の段（A）と城山（雷丘）の東側（B）しか空間的にはありません。しかし、いずれも大規模な内郭は設定できず、しかも、丘陵がすぐ西側にまで迫っており、豊浦宮の規模・立地と変わらないことになります。さらに推古朝の山田道（古山田道）が飛鳥寺北面大垣の位置に推定されることから、この道に面していないことも考慮すると、いずれの候補地も可能性は低いと考えられます。すると、推古朝の小墾田宮は奈良時代の小治田宮とは場所が異なると考えなければなりません。そこで改めて小墾田宮の記録をみてみると、推古朝の小墾田宮が推古一一年（六〇三）～三六年まで存続していたことが史料にみられます。その後、皇極元年（六四二）には皇極天皇が飛鳥《あすか》板蓋宮《いたぶきのみや》造営中に一時的に遷っており、大化四年（六四九）には蘇我興志《そがのこごし》よって、小墾田宮が焼かれようとしたという記事がみられます。さらに斉明元年（六五五）には小墾田宮に瓦葺《かわらぶき》建物を造営しようとしたが断念したとあります。これ以降、天武元年（六七二）壬申《じんしん》の乱《らん》に際して小墾田兵庫の名前がみえますが、奈良時代の淳仁四年（七六〇）まで小治田宮の名は現われま

図29　石神遺跡21次調査

図30　須弥山石

せん。つまり約一〇〇年間、小墾田宮は記録から消えているのです。飛鳥時代の小墾田宮と奈良時代の小治田宮との間に、大きな断絶があった可能性がうかがえます。さらにこの期間中、飛鳥寺北方地域では二度の土地区画整理が行われていました。藤原京の条坊地割と奈良時代の条里《じょうり》地割《ちわり》です。この地割変更によって、宮の断絶と位置変更が行われた可能性は十分に考えられます。奈良時代の小治田宮の範囲が条里地割に規制されていることもこれを裏付けており、飛鳥時代の小墾田宮は現在みられる条里地割には規制されていないと考えられます。

では、より広大な敷地を確保できる新山田道以北に推古朝の小墾田宮は推定できるでしょうか。石神遺跡北方

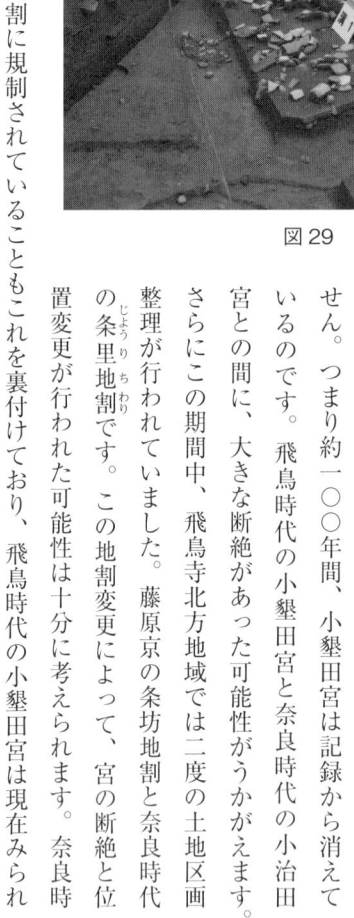

から北西にかけては湿地が広がっていました。この湿地を整地によって埋め立てたのは、七世紀中頃と考えられています。山田道の移設もこの頃です。ですから、新山田道の北方では、奥山廃寺《おくやまはいじ》とは中の川を隔てた西側にしか、推古朝には施設を建設する場所（C）はありません。このあたりは未調査地域で、遺跡の様子はまったくわ

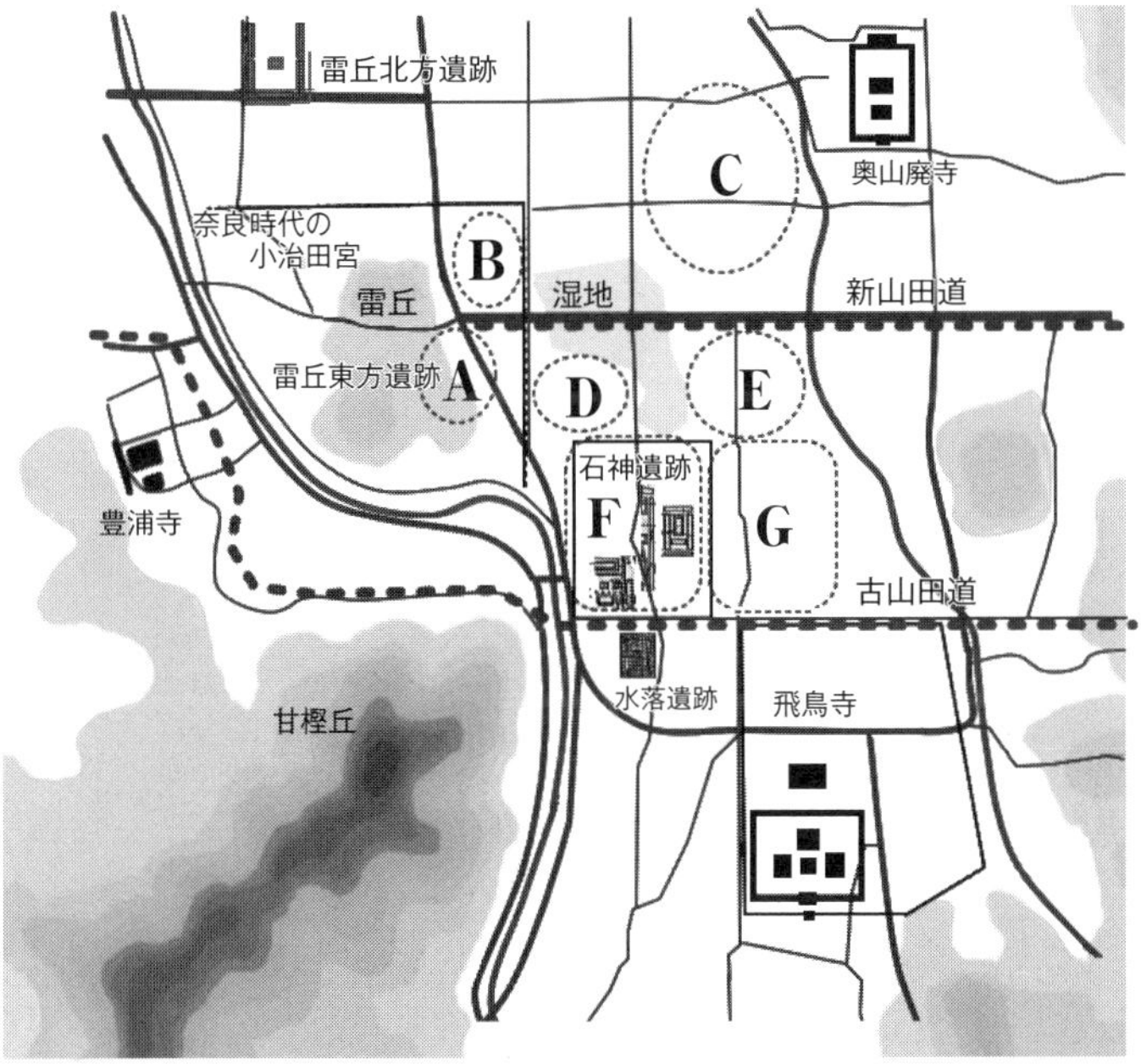

図31　小墾田宮推定地

かっていませんが、小墾田寺と考えられている奥山廃寺と並列した位置になります。つまり宮と寺のセットとなるとも考えられ非常に興味深い場所です。ただし、奥山廃寺の創建は六二〇〜六三〇年代と考えられており、推古朝後半には、まだ金堂《こんどう》しか建築されていません。つまり小墾田宮に遷宮した推古一一年にはまだ寺の建築まで二〇年ほどの時間差があるのです。さらに古山田道から、かなり遠くなり、古道との関係からは、やや難があるといえます。

　一方、新山田道の南方ではどうでしょうか。先にもみたように、石神《いしがみ》遺跡の北方には湿地があります。宮の建設できる場所は、この湿地の西（D）と東（E）にあります。D地区は、奈良時代小墾田宮の隣接地にあたります

が、これまで調査は行われていません。ただし、宮の設置可能な範囲は最大でも南北八〇メートル、東西一〇〇メートルしかありません。宮の内郭だけであれば可能ですが、やはり古山田道から離れており、南に位置する石神遺跡が空間地であったことは理解が難しい点です。同様にE地区も古山田道からの距離は遠いのです。しかも新山田道上の調査では、西に振れた小規模な建物が見つかっており、七世紀前半のものと考えられています。これらの建物が、宮に関わるものとすると、小墾田宮は正方位ではないことになります。

次に、古山田道に北接するF地区、G地区はどうでしょうか。F地区は石神遺跡の場所です。石神遺跡は斉明《さいめい》朝の迎賓館《げいひんかん》として有名ですが、これまでの調査でA期（皇極《こうぎょく》〜斉明）、B期（天武《てんむ》朝）、C期（藤原京期）と変遷することがわかっています。さらにA期以前には瓦葺建物を建てる六二〇〜六三〇年代のものも一部で確認されていますが、ここではA以前2期と仮称しておきましょう。さらに南北方位から大きく振れる遺構などを、A以前1期としておきます。ここでは推古朝と推定されるA以前1期には、北から振れる方位をもつ石列などは確認されていますが、建物等は未確認です。またA以前2期には瓦葺建物が推定されていますが、王宮の中心施設は確認されていません。ただし古山田道に面している点は大きな利点です。七世紀中頃以降の造営で、宮の遺構が削られてしまった可能性も否定はできませんが、現状では何ともいえないと思われます。これに対して、G地区は石神遺跡の東側です。ここでは石神東方遺跡と仮称しておきましょう。ここは周辺よりも、東西一四〇メートル、南北一七〇メートルの範囲が少し高い微高地になっています（中の川は条里地割にのっとって直角に北上しているが、本来はもう少し東側を斜めに流れていたと考えられる）。遺跡の立地としては最適といえます。特に、石神第21次調査区を北西隅とする微高地は不自然で、本来の地形に加えて、整地によって成形されていることが考えられます。それは第21次調査でも最初の整地上に瓦葺建物（六二〇〜三〇年代）が建てられていることから、この整地が推古朝にさかのぼるのは間違いないようです。さらにこの建物が正方位をしているのも重要です。残念ながら未調査地が多く、中心部分は不明ですが、これまでの候補地のなかでは、最も可能性の高い場所と考えています。

では、小墾田宮の歴史的な変遷と遺構の変遷との関係はどうでしょうか。史料によると小墾田宮は推古朝に始まり、皇極・斉明朝までは宮として存続していたと考えられますが、壬申の乱では小墾田兵庫とあるだけです。その後は奈良時代まで記録にありません。これらの記事との関係で興味深いのは石神21次調査です。推古朝後半～舒明朝については、瓦葺建物があるだけで、その西方の石神遺跡の中心部では、同時代の瓦の出土はあるものの、顕著な遺構がありません。このことから石神東方の微高地《びこうち》に遺構の中心があることが推測されます。皇極～斉明朝になると、石神遺跡の東限塀が確認されており、一六メートル離れて再び南北塀があります。ふたつの塀の間が通路となっており、東側の塀は、石神東方遺跡の西限塀であったことになります。つまり石神A期の段階には、迎賓館施設の東に別の施設が並列していることになります。しかし、石神遺跡も天武朝のB期になると、東に拡大しており、石神東方遺跡も一体の施設に変化しています。記録に小墾田宮が消える時期と一致しており、小墾田兵庫は石神遺跡の中に設けられています。このように、史料にみる小墾田宮の変遷と遺跡の変遷とは、おおむね一致しているといえます。

推古朝の小墾田宮について憶測

これまでの検討から、仮称石神東方遺跡が推古朝の小墾田宮の最有力候補地と考えられます。その範囲は石神1・2・21次調査区を西辺に含む東西一四〇メートル、南北一七〇メートルと考えられ、この範囲の内側に王宮の中心区画である内郭があったと思います。それは古山田道の北側に広がっており、石神21次調査の瓦葺建物が正方位をすることから、推古朝小墾田宮も正方位をした王宮であったと考えられます。これらのことはすでに小墾田宮の意義にみたことにも合致し、まさに東アジア的な王宮へと変化しはじめているといえます。瓦葺建物は石神21次調査区で確認されていますが、瓦の出土状況からは石神3・4次からも多く出土しており、古山田道沿いにも瓦葺施設があったことがわかります。この瓦葺建物は仏教施設の可能性も指摘されていますが、私は迎賓館的施設であった可能性も考えています。それは遣隋使だけでなく、七世紀前半の新羅《しらぎ》土器の存在から新羅の使節も来ていた可能性もあるのではないでしょうか。これらの施設が小墾田宮の隣接地の古山田道沿いにあり、さらに王宮の南に広がる飛鳥寺も荘厳のための施設と考えられます。また、小墾田宮の庭に須弥山が立てられたと『日本書紀』推古二〇年（六一二）に記されています。現在見つかっている石造物が推古朝のものであるかは明確ではありませんが、その出土位置は、推定される王宮の南西隅にあたります。

いずれにしても推古朝の小墾田宮が仮称石神東方遺跡にあった可能性を指摘して、「推古朝のふたつの王宮」についての話を終わりにしたいと思います。

（飛鳥遊訪マガジン Vol. 136　二〇一二・六・二二）

column 2

封印される埋葬空間

植山古墳の調査から

橿原《かしはら》市教育委員会は植山《うえやま》古墳の南辺部の発掘調査を実施し、古墳の築造過程やその埋葬過程などがわかってきました。

植山古墳は発掘調査されるまでは、丘陵上の竹藪《たけやぶ》のなかに、石室《せきしつ》の一部がふたつ並んで確認されていました。このことから、ふたつの古墳が隣接して並んでいると考えられていたのです。しかし、平成一二年（二〇〇〇）・一三年に行われた調査で、古墳は丘陵の南斜面に築かれた長方形墳で、南側に入口を設ける横穴式石室が二基並んでいることが判明しました。墳丘は東西約四〇メートル、南北約三〇メートルで、墳丘の東西と北側の三方に空濠《からぼり》が廻ります。この濠底には結晶片岩《けっしょうへんがん》や花崗岩《かこうがん》の石敷《いしじき》がみられました。

埋葬施設は東西ふたつの横穴式石室《よこあなしき》です。東石室は墳丘とともに築造された六世紀後半のものです。石室の全長は約一三メートルまで残っていました。床面《ゆかめん》には石組みの排水溝《はいすいこう》が設けられ、石室の中には熊本県宇土半島で採石される阿蘇《あそ》溶結凝灰岩《ようけつぎょうかいがん》（阿蘇ピンク石）製の家形石棺《いえがたせっかん》がひとつ残って

図32　植山古墳 東の石室

図33　植山古墳 西の石室

いました。阿蘇ピンク石の石棺は大王墓にもみられる材質の石棺です。

西石室は、後から造り足されたもので、七世紀前半頃と推定されています。石室の全長はこちらも約一三メートルほど残っており、羨道《せんどう》（通路部分）の床面には石組みの排水溝があります。玄室（部屋部分）と羨道との境界部の床には、兵庫県高砂市《たかさごし》で採石される凝灰岩（竜山石《たつやまいし》）の閾石《しきみいし》が設置されていました。閾石とは扉石の石製の底板です。上面に扉の軸受け穴や方立をはめ込む溝が彫られていました。本来この上にあったとされる扉石材の一部が、植山古墳の周辺の春日神社《かすがじんじゃ》・素盞嗚《すさのお》命神社・八咫烏《やたがらす》神社の境内に転用《てんよう》石《せき》として残されています。

さらに墳丘北側の尾根上には、二時期の柱列《はしられつ》がありました。この柱列は墓域を明示する塀の施設であったと考えられています。新しい時期の柱列は藤原京時代のもので、古墳築造から一〇〇年を経ても、植山古墳が特別な墳墓として管理されていたことが判明しました。

植山古墳の位置する甘樫丘《あまかしのおか》西側にある丘陵（現在は住宅街になっている）は「大野丘」と推定されています。そして、『古事記』や『日本書紀』によると、推古天皇《すいこてんのう》の「御陵は大野の岡の上に在りしを、後に科長《しなが》の大陵に遷しき」

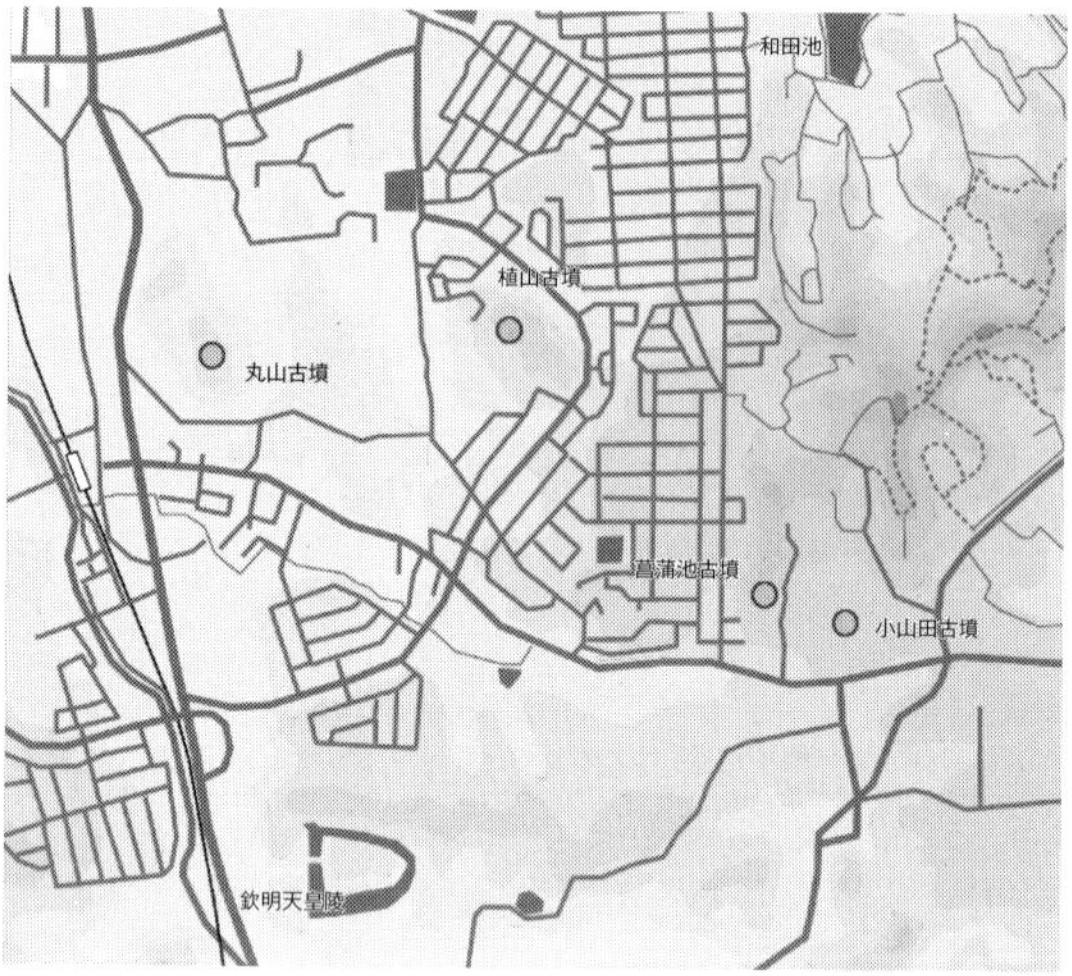

図34　植山古墳周辺図

や「朕《ちん》が為に陵を興てて厚く葬ること勿《なか》れ。便に竹田皇子《たけだのみこ》の陵に葬るべし」と記されていることから、植山古墳は竹田皇子と推古天皇の初葬墓《しょそうぼ》で、のちに河内へと改葬されたと考えられています。とくに、当時調査を担当していた竹田政敬《まさのり》氏によると、五条野丸山《ごじょうのまるやま》古墳は蘇我稲目《そがのいなめ》、植山古墳は、竹田皇子と推古天皇の初葬墓、その東の五条野宮ケ原一・二号墳を蘇我蝦夷《えみし》・入鹿《いるか》、そして菖蒲池《しょうぶいけ》古墳を蘇我倉山《くらやま》田《だ》石川《いしかわ》麻呂《まろ》と推定しています。

　今回の調査は、これまで不明であった墳丘の南斜面と、古墳の前面にある平坦面での調査です。これによって、植山古墳が改葬されていたかどうかが注目されていました。しかし、新聞などでは改葬の有無については、あまり報道されておらず、石室の閉塞《へいそく》に土を使っていたことだけが大きく取り上げられていました。このほかにも、東石室に二時期の暗渠《あんきょ》が確認されたり、古墳築造にあたり、大規模な造成工事をしていたこと。古墳の前に整地による平坦面があることもわかっています。

　しかし、今回の調査で最も注目される成果は、やはり閉塞土であると考えています。墳丘の南斜面は、後世の削平で削られており、その断面を観察することができました。その結果、いくつかの事実が確認されました。それは東石室・西石室ともに、土によって入口を閉塞していることです。一般的に、横穴式石室では石で閉塞することが多いのですが、ここでは土で閉塞していました。

　では、土で閉塞することに、どのような意味があるのでしょうか。いくつかの理由が考えられます。これまでの横穴式石室は、石によって閉塞し、石室の入口先端の石が墳丘に見えているものもありました。しかし、終末期古墳は、石積みの羨道を造らなくなり、高松塚古墳のよ

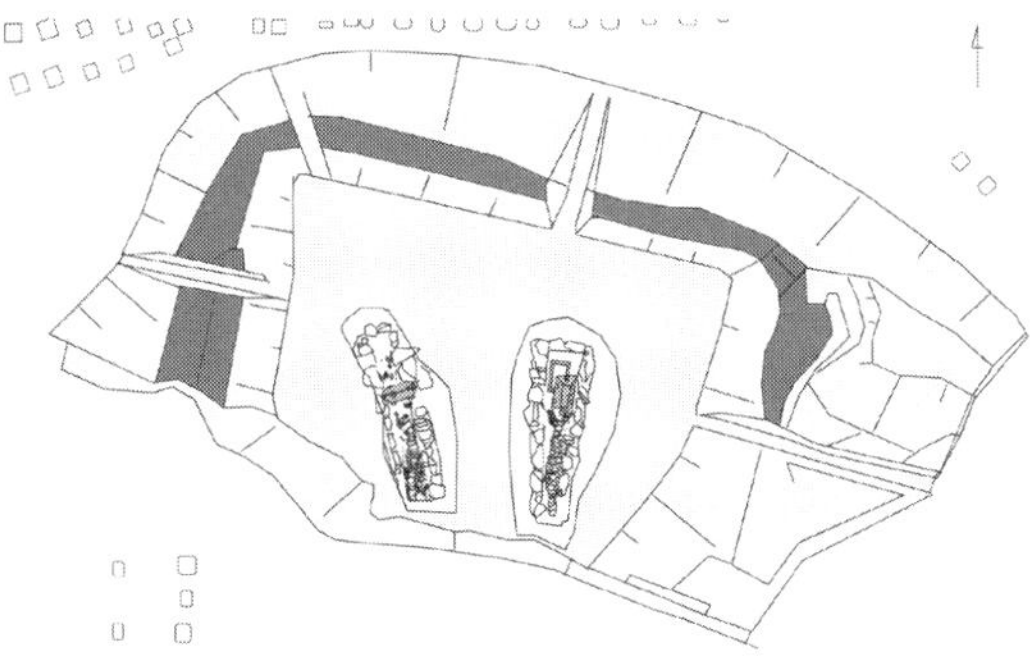

図35　植山古墳

図36　植山古墳の東・西石室

うに、完全に土で埋め戻してしまうようになります。植山古墳もこのような終末期古墳の特色を取り入れつつあるのかもしれません。

土で閉塞することは、石室を二度と開口しないことを前提としていたことが考えられます。しかし、植山古墳の場合、東石室では石棺がひとつだけでしたが、まだ羨道部分には、追葬することは可能です。西石室には扉があったことが判明しており、いずれも追葬や再開口の可能性が想定されます。当初は石で閉塞していたのかもしれませんが、結果的に追葬はなく、改葬がなされ、最終的に土によって丁寧に閉塞したのです。

ここで閉塞土の状況を詳細にみると、興味深いことがわかります。東石室では閉塞土が一時期、西石室では閉塞土が二時期あることです。しかも西石室閉塞土①を掘り込んで、東閉塞土があります。これだけをみると、西石室の閉塞後に、東石室を閉塞したことになります。しかし、ふたつの石室の年代は、東石室が六世紀後半、西石室は七世紀前半のもので、閉塞順序と矛盾します。つまり、西石室の閉塞土①は当初の閉塞土であり、閉塞土②は再開口後の閉塞土ということになります。そして、東石室の閉塞土は一時期しかなく、西石室閉塞土①より新しいことを考慮すると、東石室閉塞土は当初のものではなく、二度目の閉塞土ということになります。これを時代順に整理すると、東石室の構築→閉塞（残存せず）→西石室の構築→閉塞土①→東西石室の開口→東石室の閉塞土→西石室の閉塞土②、という順番が推定されます。つまり、今回の調査で植山古墳は改葬されていたことがわかるのです。しかも、その改葬にあたって、丁寧な閉塞をしていました。そして、空墓になったにも関わらず、北側の尾根上には藤原京の時代まで、柵によって適切な管理がなされていたことは、植山古墳の被葬者を考える重要な成果といえるのです。

（飛鳥遊訪マガジン Vol.150 二〇一二・一二・二八）

【参考文献】 橿原市教育委員会編『史跡 植山古墳』（二〇一四）

Ⅱ 舒明朝の王宮と寺院

舒明天皇の時代

飛鳥時代の最初の天皇であった推古《すいこ》天皇が崩御《ほうぎょ》して、次に即位したのは、敏達《びだつ》天皇の孫、押坂《おしさかの》彦人大兄王《ひこひとおおえのおう》の子である田村皇子《たむらのみこ》（舒明《じょめい》天皇）です。この舒明天皇の時代の遺跡はそう多くはありません。舒明天皇が王宮とした飛鳥岡本宮《あすかおかもとのみや》も、その推定地の一部で遺構が見つかっているにすぎず、その後に遷った百済大宮《くだらのおおみや》はその位置すら確認されていません。このように推古天皇と皇極天皇に挟まれて、舒明朝はこれまであまり大きく論じられることはありませんでした。しかし、桜井市吉備《きび》で見つかった吉備池廃寺は百済大寺《おおでら》とみられ、その並外れた規模は、舒明朝の歴史的意義を一新するものになりました。『日本書紀』の記録と考古学の成果を中心に、今回はこの舒明朝の王宮と大寺に焦点をあてて、舒明天皇の時代についてみていきたいと思います。

舒明天皇の宮と寺

舒明元年（六二九）正月に即位した舒明天皇は、翌二年には飛鳥岡《あすかおか》のほとりの王宮に遷ります。「飛鳥岡本宮」です。飛鳥岡の麓《ふもと》に造営されたその王宮は、飛鳥寺の南方に造られた最初の王宮でもありました。以降、この飛鳥には、歴代の王宮が代々営まれることになります。

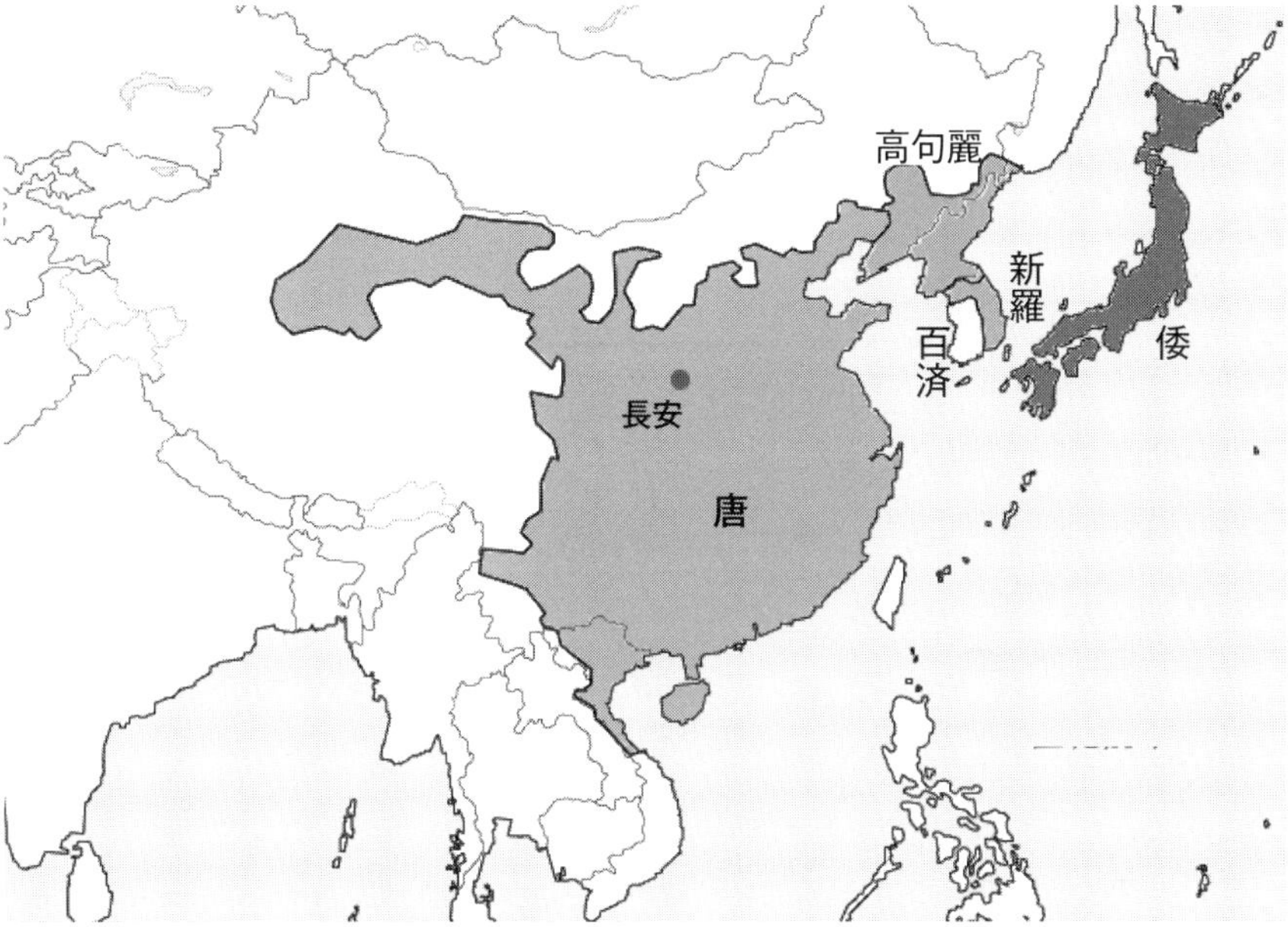

図 37　唐を中心とした東アジア情勢図

しかし、舒明八年六月、飛鳥岡本宮は火災で焼失します。火災の原因は記されていませんが、この時期に蘇我蝦夷《そがのえみし》との関係が悪化していることから、放火の可能性も考えられるでしょうか。そこで舒明天皇は、田中宮《たなかのみや》を仮の宮として遷りました。そして、舒明一一年七月には百済川のほとりに百済大宮と百済大寺の造営《ぞうえい》を開始します。その造営にあたっては、西国の民は百済大宮、東国の民は百済大寺の造営に動員されました。その造営体制の規模から、かなり大規模な宮と寺と思われます。一二月には、百済大寺の九重塔の建設も始まっています。舒明天皇は伊予《いよ》行幸《ぎょうこう》からの帰路、厩坂宮《うまやさかのみや》に入っています。まだ、百済大宮が完成していなかったからでしょう。実際に、百済大宮に遷宮したのは、舒明一二年一〇月のことです。しかし、翌一三年一〇月、舒明天皇は百済宮で崩御し、宮の北に殯宮《もがりのみや》を設けました。これは「百済の大殯」と呼ばれました。

舒明朝の内政

『日本書紀』をみても、舒明朝の政治についてはほとんど記されていません。舒明紀の多くは、舒明天皇の即位事情について記されていました。推古天皇が亡くなる直前、田村皇子（のちの舒明天皇）は、病床の推古天皇を見舞っていました。この時の内容をめぐって、蘇我蝦夷が推す田村皇子と、境部摩理勢《さかいべのまりせ》らが推す聖徳太子の子である山背《やましろの》皇子《みこ》の二人が皇位を争うことになります。最終的には、推古崩御後九ヵ月を経て、田村皇子が即位して舒明天皇となりました。つまり、舒明天皇は蘇我蝦夷の後盾を得て即位したのです。飛鳥岡本に王宮を構えたのも、このような理由がうかがえます。しかし、舒明八年（六三六）七月、群卿・百寮が朝廷への出仕を怠けているので、午前六時から一〇時までを勤務時間として、鐘で合図をしようと提案しましたが、蘇我蝦夷はこれに賛同しませんでした。さらに翌年には、蝦夷は入朝しなかったことから、この頃から舒明天皇と蘇我蝦夷との間に確執が生じていたことがわかり、百済大宮への遷宮の背景ともなっていると考えられます。

舒明朝の外交

推古朝は初めて遣隋使《けんずいし》を派遣し、東アジアの中華世界へと参入していきました。この路線は、次の舒明朝にも受け継がれています。しかし、東アジアでは大きな変化が起きていました。巨大な隋帝国が大唐帝国に変わっていたのです。舒明二年（六三〇）には、最初の遣唐使を派遣します。これによって唐との関係を継続しているのです。また、高句麗《こうくり》・百済は朝廷に朝貢《ちょうこう》してきており、表玄関であった難波《なにわ》の大郡と三韓の館を改修して、外交儀礼を強化しています。さらに、推古朝には強硬路線を堅持していた新羅《しらぎ》との国交も回復し、新羅も朝貢国となっています。僧旻《そうみん》や南淵請安《みなぶちのしょうあん》・高向玄理《たかむこのくろまろ》など多くの学問僧などもこの頃に帰国し、そこで得た知識は、その後の国家形成に重要な働きをしたのです。

このように舒明朝の内政については史料がなく、その動向は明らかではありませんが、舒明八年頃を境に、舒明天皇と蘇我蝦夷との関係に変化がみられたことがうかがわれます。このことは、舒明朝後半の独自性として現われているようです。一方、外交面では東アジア世界の動向に敏感に反応し、その後の国作りの牽引力となったのは、学問僧などが持ち帰った最新の知識でした。

（飛鳥遊訪マガジンVol.140　二〇一二・八・一七）

飛鳥岡本宮の実像

舒明《じょめい》天皇は、即位した翌年の舒明二年（六三〇）に飛鳥岡本宮《あすかおかもとのみや》を王宮としました。この王宮は、いわゆる「飛鳥」に営まれた最初の王宮です。その後、飛鳥時代の歴代天皇がここを王宮とすることから、飛鳥岡本宮の位置づけは重要といえます。しかし、この岡本宮については、史料にもわずかしか現われず、発掘の成果も、まだわずかです。ここでは史料にみられる宮と、その発掘成果についてみていくことにしましょう。

飛鳥岡本宮の歴史

飛鳥岡本宮についての記録は、『日本書紀』にわずか二度しか現われません。舒明二年（六三〇）一〇月一二日「天皇、飛鳥岡の傍に遷りたまふ。是を岡本宮と謂ふ」と、舒明八年六月「岡本宮に災けり」です。このことから飛鳥岡本宮については、その構造などは史料からうかがうことはできません。この岡本宮の位置については、諸説がありました。旧来、飛鳥岡本宮そして後飛鳥岡本宮は、大官大寺《だいかんだいじ》の南あたりに推定されていました。その根拠は、飛鳥岡が雷丘《いかずちのおか》や奥山の丘陵と推定されていたこと。そして、飛鳥浄御原宮《あすかきよみはらのみや》が石神遺跡周辺に考えられていたことでした。しかし、和田萃《わだあつむ》氏は、飛鳥岡が飛鳥坐神社《あすかにいますじんじゃ》から岡寺にかけての丘陵として、岡本宮を伝飛鳥板蓋宮《いたぶきのみや》跡あたりと考えました。その頃、発掘調査が進んでいた飛鳥宮跡の成果もそれを裏付けています。現在は、舒明天皇の飛鳥岡本宮は飛鳥宮跡周辺に所在していたとするのが一般的です。この飛鳥岡本宮の位置は、蘇我本宗家によって天皇家のために用意されていた場所と考えられます。舒明天皇の即位事情や、飛鳥寺が飛鳥盆地の入口に立地することも、それを裏付けています。

しかし、この王宮は舒明八年の火災によって焼失しました。舒明天皇は、この王宮に五年すこししか居住しなかったのです。その後、一時的に田中宮に遷ることになりました。火災原因については、この当時、舒明天皇と蘇我本宗家の関係が悪化していたことと関係があるのかもしれません。

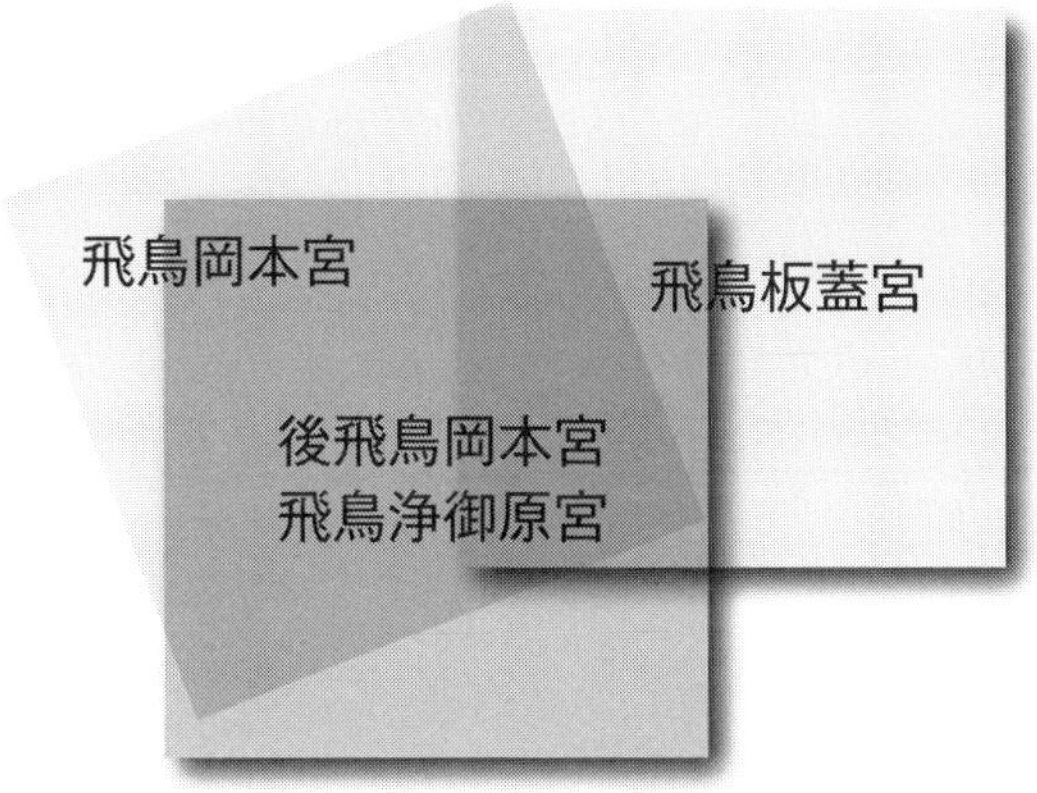

図 38　飛鳥宮の重複構造 1

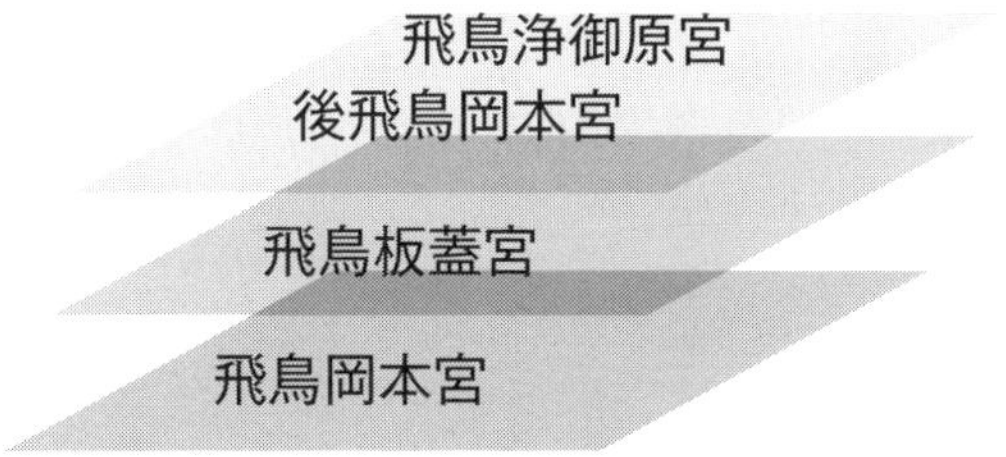

図 39　飛鳥宮の重複構造 2

飛鳥岡本宮の発掘成果

これまでの発掘調査や研究によって、飛鳥宮跡では、大きく三時期の宮殿遺構が重なっていることがわかってきました。下層からⅠ～Ⅲ期と呼んでいます。Ⅰ期は舒明天皇の飛鳥岡本宮、Ⅱ期は皇極天皇の飛鳥板蓋宮、Ⅲ期は斉明天皇の後飛鳥岡本宮から天武天皇の飛鳥浄御原宮と考えられています。つまり飛鳥○○宮と呼ばれる王宮は、すべて「飛鳥」と呼ばれるほぼ同じ場所に推定されるのです。

では、飛鳥岡本宮と推定されるⅠ期遺構はどのようなものでしょうか。残念ながらⅠ期遺構については、よくわかっていません。というのも、Ⅰ期遺構の解明のためには、上層にあるⅡ期・Ⅲ期遺構を保護しながら実施しなければならず、極めて断片的な調査になってしまうからです。それでもいくつかの遺構が確認されています。

Ⅰ期遺構で確認されているのは、Ⅲ期遺構の内郭《ないかく》地区とエビノコ郭地区です。これは内郭の東方にあたる外郭地区では、調査箇所が少ないということによると考えられます。内郭地区では掘立柱建物や塀跡が部分的に確認されています。これらの遺構の最大の特色は、その方位が北から二〇度ほど西に振れる方位をもつことです、エビノコ郭地区の石列も同様です。これはこの地域の地形が、南東から北西に向けて、緩やかに傾斜しており、地形に合わせた方位と考えられています。つまり大規模な土地造成を行わずに王宮を造営したことになります。さらに掘立柱《ほったてばしら》遺構《いこう》は、掘形の一辺が一・二《メートル》もあるのに対して、深さが三〇《センチ》しかないことです。つまりⅡ期遺構造営にあたって、大規模に土地が削平されているのです。

このように、飛鳥宮の下層にあたるⅠ期遺構が舒明天皇の飛鳥岡本宮と推定され、この王宮が「飛鳥」にはじめて造られた王宮であること、その造営方位は地形に合わせて大きく西に振れることが考えられています。これらのことから、この時代はまだ、飛鳥の都市計画は乏しかったと考えられています。

（飛鳥遊訪マガジンVol.144　二〇一二・九・二八）

百済大寺の実像

平成九年（一九九七）二月、新聞に桜井市吉備《きび》で、巨大な寺院の建物が見つかったと報道されました。新たに発見されたこの寺院は、「吉備池廃寺」と命名され、舒明《じょめい》朝に発願された「百済大寺《くだらのおおでら》」と考えられました。発掘の契機になったのは、「吉備池」と呼ばれる近世溜池の護岸改修のための事前調査でした。この周辺では以前から瓦が散布することから、瓦窯《がよう》が推定されていたところです。しかし、吉備池の南東の張り出し（堤の高まり）を調査すると、そこに巨大な金堂基壇《こんどうきだん》を発見したのです。このようにみると、吉備池の南西にも同様の張り出しがあり、翌年に調査をしてみると、今度は巨大な塔基壇が現われました。個々の建物が巨大なだけでなく、伽藍《がらん》も並外れた規模を有する寺院であることがわかったのです。この寺院に匹敵する規模をもつ飛鳥時代の寺院は、百済大寺の法灯《ほうとう》を受け継ぐ、大官大寺《だいかんだいじ》だけです。

百済大寺の歴史

百済大寺の創建については『日本書紀』にその記事が残されていますが、『大安寺資材帳』によると、寺の草創は、聖徳太子が建てた平群郡《へぐりぐん》の熊凝村《くまごりむら》の道場にさかのぼると記されています。太子が病床の時に、天皇は田村皇子《たむらのみこ》

図40　現在の吉備池

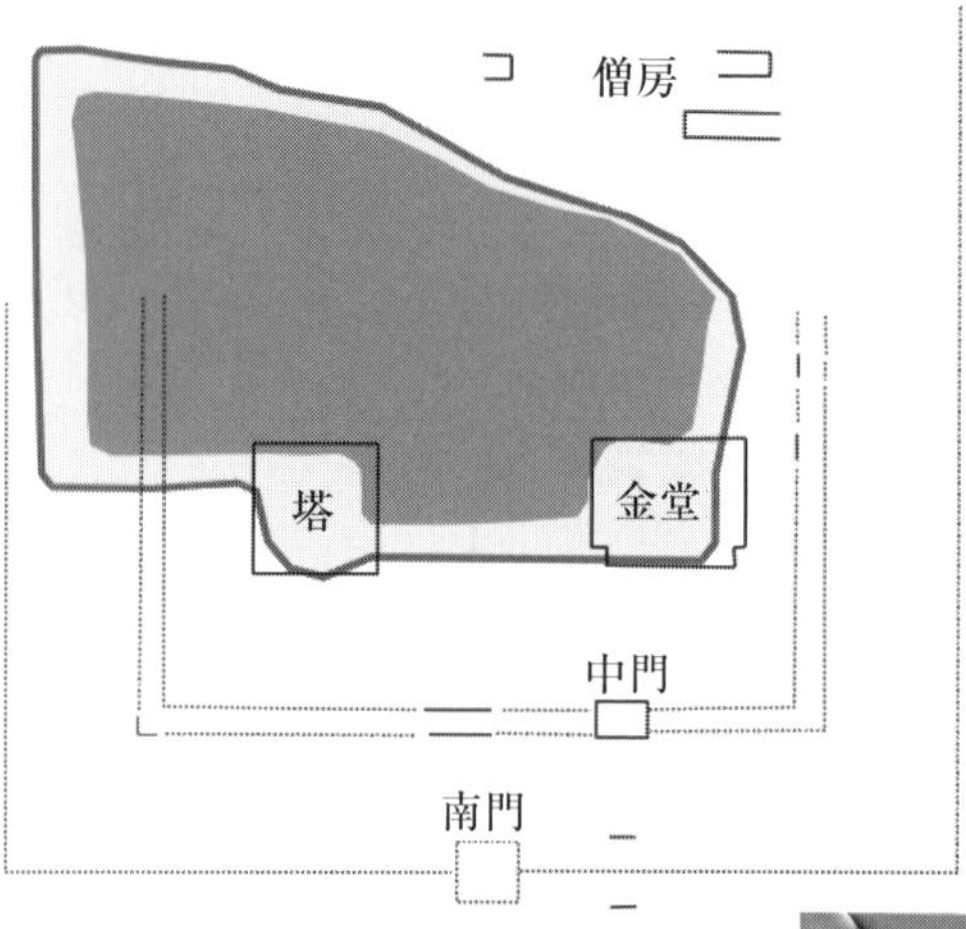

図41　吉備池廃寺伽藍配置図

図42　吉備池廃寺出土瓦

を遣わして、望みを聞いたところ、熊凝道場を大寺としてほしいと伝えられました。しかし、推古《すいこ》朝にはその願いは果たせず、舒明朝になって開始されたのです。舒明一一年（六三九）七月には「今年、大宮及び大寺を造作らしむ」「則ち百済川の側を以て宮処とす。是を以て、西の民は宮を造り、東の民は寺を作る。便に書直県を以て大匠とす」とあり、王宮と大寺の造営を開始したことがわかります。さらに一二月には「百済川の側に、九重の塔を建つ」と記されています。しかし、着工からわずか三ヵ月で塔が完成したとは考えがたく、塔の造営に着手したことを示す記事であろうと考えられます。しかし百済大寺も舒明天皇の存命中には完成をしていなかったとみえて、舒明天皇の皇后であった宝皇女《たからのひめみこ》、つまり皇極天皇は、皇極元年（六四二）九月三日に蘇我蝦夷《そがのえみし》に対して、「朕、大寺を起し造らむと思欲ふ。近江と越との丁を発せ」と命じています。その後の百済大寺の造営経過は、明確ではありませんが、孝徳朝までには主要伽藍が完成し、仏像も作られたことが知

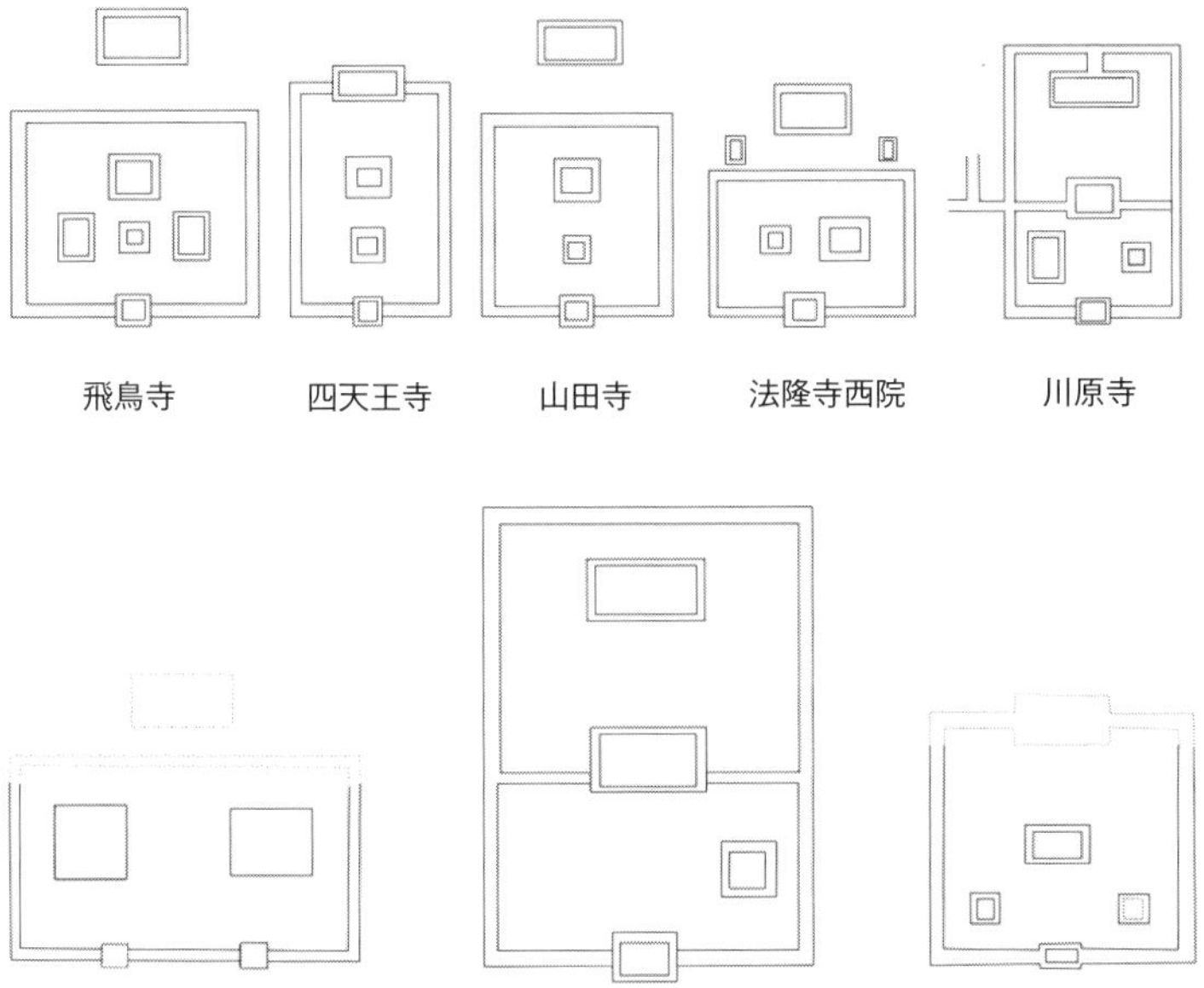

図 43　古代寺院伽藍比較図

られています。しかし、百済大寺も天武二年（六七三）には、造高市大寺司《ぞうたかいちおうてらのつかさ》が任命され、『大安寺資材帳』に「百済の地から高市の地に移す」と記されていることから、天武天皇によって百済大寺は移転させられ、「高市大寺」と呼ばれるようになりました。さらに天武六年には「改高市大寺、号大官大寺」と改名します。この天武朝には天武一四年の「飛鳥三大寺」のひとつにもあげられています。その後、文武朝大官大寺、さらには平城京大安寺にその法灯を繋いでいきました。

百済大寺の発掘成果

このような百済大寺ですが、これまでその所在地すら不明でした。しかし平成九年（一九九七）、桜井市吉備にある溜め池「吉備池」の地で巨大な伽藍が発見されたのです。

吉備池廃寺は回廊のなかに、東に金堂、西に塔を配置している、いわゆる、法隆寺式伽藍配置をしています。最初に確認された金堂は、深さ一メートル程の掘込事業を施し、さらに二メートル以上の高さの基壇をもちます。基壇土は版《はん》築《ちく》によって構築されていました。平面の大きさは東西三七メートル、南北二五メートル、南辺が少し凸形《とつがた》に突出することから、ここまで測ると二八メートルほどになります。面積にすると、約一〇〇〇平方メートルにもなります。同時代の飛鳥寺中金堂や山田寺金堂が、東西二一メートル、南北一八メートル前後であることと比較すると、破格の規模であるといえます。これを越える金堂は、後の大官大寺くらいしかありません。吉備池廃寺の金堂には、残念ながら礎石や据え付けの跡は残っていません。よって柱の配置は明確ではありません。また、基壇外装も石材の痕跡がまったく残っていないことから、板材を用いた木製基壇であったとも考えられます。

次に、西側にある塔をみてみましょう。金堂同様に版築によって高さ二・三メートル程残されています。ただし掘込事業は施されていません。平面の大きさは一辺約三二メートルの方形に復元できます。基壇上面の中央には巨大な穴があけられていました。心礎《しんそ》の抜き取り穴と考えられます。この抜き取り穴からは七世紀後半の土器が出土したことから、この頃に心礎が抜き取られたことがわかります。しかし、この他の礎石据え付け痕跡は残っていません。よって、柱の配置はわかりませんが、飛鳥寺や山田寺の塔基壇が一二メートル前後なので、吉備池廃寺の塔がいかに大きいかがわかると思います。大官大寺の塔基壇も二三メートル程度なので、飛鳥時代の塔としては最大規模となり、九重塔であった可能性が極めて高いと思われます。

これらの建物を囲む回廊は、東・西・南面が確認されています。回廊は両側に石組みの雨落溝を有する構造で、その幅は六・五メートルほどしかありません。当時は単廊であったと考えられ、金堂や塔基壇に比べると、極めて小規模な構造です。南面に開く中門は中軸線上にはありません。金堂のすぐ南に、やはり小規模な門が確認されています。その配置からは塔のすぐ南にも中門があった可能性もありますが、確認はできていません。回廊の東西規模は一五三メートルであることがわかっています。回廊の構造そのものは小規模ですが、伽藍の東西幅は、やはり破格の規模で、これに匹敵するのは大官大寺しかありません。

この他には、中門の南で南大門と考えられる遺構や、伽藍北方で僧坊《そうぼう》と考えられる建物が確認されています。吉備池廃寺から出土する瓦を観察すると、山田寺の造営よりもわずかに古いものであることがわかります。よって、七世紀第Ⅱ四半期頃と推定されます。しかし、これだけの大寺院にもかかわらず、瓦の出土は極めて少ないことは特徴的です。さらに礎石も残っていないことは、この寺院の資材が、別の所に運ばれたことを推測させます。そして、その時期は、七世紀後半頃ということも、出土土器からわかります。つまり、伽藍規模や建物規模、そして、遺構の変遷は、史料にみえる百済大寺を裏付けるものといえます。さらにその存在は東アジアを視野に入れた位置づけがなされるのです。

（飛鳥遊訪マガジンVol.147　二〇一一・一一・一六）

百済大宮の実像

百済大寺《くだらのおおでら》と同時に造営が開始されたのが、百済大宮《おおみや》です。これまでその宮の位置は明確ではありませんでしたが、吉備池廃寺《きびいけはいじ》が確認されたことにより、その位置と規模について、想定が可能となりました。本章ではこの百済大宮について考えてみたいと思います。

百済大宮の歴史

舒明《じょめい》八年（六三六）六月、飛鳥岡本宮《あすかおかもとのみや》が焼失します。このため舒明天皇は、田中宮《たなかのみや》に遷りました。この田中宮の位置はわかっていませんが、現在の橿原市田中町付近に推定され、既存施設を一時的な仮宮としたものと考えられます。その後、百済大宮が初めて史料に現われるのは、舒明一一年七月の「今年、大宮及び大寺を造作らしむ」「則ち百済川の側を以て宮処とす。是を以て、西の民は宮を造り、東の民は寺を作る。便に書直縣を以て大匠とす」とある記事です。この史料から、舒明一一年に百済大宮と百済大寺の造営を開始したことがわかります。その後、舒明天皇は伊予《いよ》へ行幸《ぎょうこう》しますが、戻ってきた時には、厩坂宮《うまやさかのみや》に入ります。この宮は橿原市大軽《おおかる》の丈六《じょうろく》交差点付近とされますが、確認はできていません。実際に、百済大宮に遷宮したのは舒明一二年一〇月です。つまり、伊予から帰宮した時には、まだ百済大宮は完成していなかったと考えられます。しかし、この百済大宮での生活も長くは続きませんでした。舒明天皇はその一三年一〇月九日に崩御、一八日に殯を行いました。宮の北方で行われたこの殯《もがり》は「百済の大殯」と呼ばれています。

百済大宮の規模と位置

この百済大宮については、史料からいくつかの点を指摘できます。一般的に、王宮の名称に「大宮」と付けることはありません。しかし、舒明一一年七月の記事に「宮」ではなく、「大宮」と記されていることは、この宮が従来の王宮に比べて、大規模であったことを推定させます。この「大宮」の表現については、百済大寺と対で表現されているためとも考えられますが、吉備池廃寺の規模を考えると、やはり百済大宮も、それまでの王宮とは異なる規模であろうと思われます。さらに「西の民は宮を造り、東の民は寺を作る」の記事から、西国の労働力が王宮造営に、東国の労働力が大寺の造営に動員されたことがわかります。これはのちの仕丁《しちょう》に通じる労働力にあたります。その意味でも、百済大宮造営が大規模であったことを裏付けています。さらに、その造営期間は一六ヵ月に及びます。労働力の多さと造営期間からも、当時としては大宮にふさわしい規

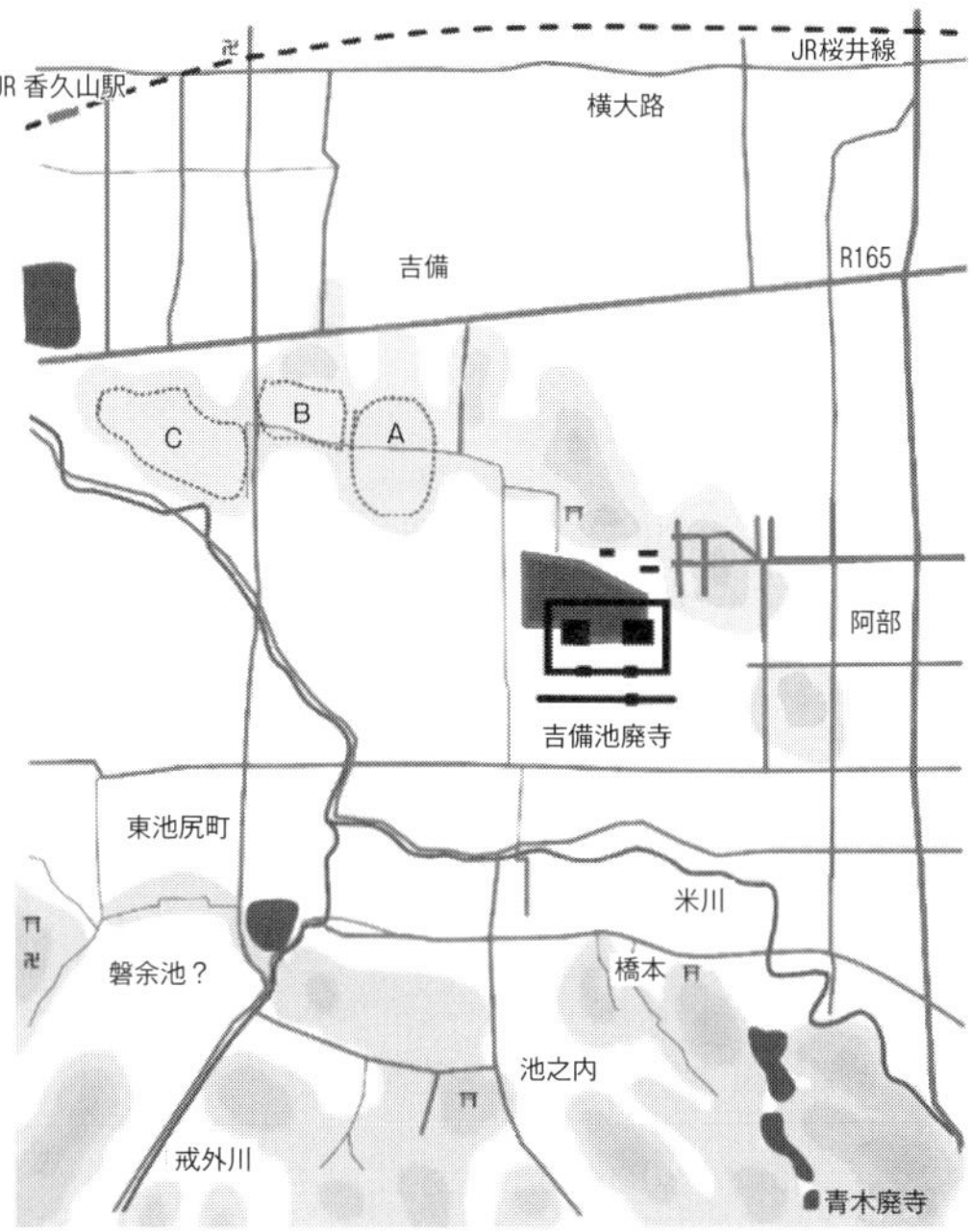

図44　百済大宮の推定地

図45　吉備池集落の微高地

模であったと推定されます。

　では、百済大宮はどこにあったのでしょうか。前述のとおり、舒明一一年七月の記事には「則ち百済川の側を以て宮処とす。是を以て、西の民は宮を造り、東の民は寺を作る」とあり、百済川の側に王宮があったことになります。そして、吉備池廃寺の発見を受けて、「百済川」は、現在の「米川《よねかわ》」であったことがわかることから、この近くに百済大宮があったことになります。先の「西の民、東の民」の記事が、王宮と大寺の位置関係も表わしているとすれば、吉備池廃寺の西方に百済大宮があったことになります。そこで大宮の立地を微高地《びこうち》に求めると、吉備池から北西へ延びる丘陵地がその候補地となります。現在の吉備の集落は、この微高地上にあります。東西にのびる微高地上にある吉備集落は、東地区、中央地区、西地区と連なっています。東地区（A）の地形をみると、東西一〇〇メートル、南北一五〇メートルの方形の範囲が平坦面ととらえることができます。この微高地のなかではもっともまとまった平坦地で、百済大宮の第一候補地と考えられます。一方、中央地区（B）は北半の薬師寺《やくしじ》の境内が周囲よりも一段高く、平坦面としてはこの薬師寺の高台よりも南側の東西一三〇メートル、南北八〇メートルがあります。ただし、王宮を建設するには、少し狭いと考えられます。西地区（C）は明高寺のある地区で、現在もその西半は旧地形が残されています。東西一八〇メートル、南北一五〇メートルの範囲ですが、西に向かって狭くなる歪《いびつ》な形をしています。この点は王宮建設地としてはやや難があります。また、すぐ南側に米川《よねかわ》が流れており、河川に近すぎることも考慮すべき点です。このように考えれば、東地区がもっとも王宮建設地としてふさわしい立地・地形といえます。

舒明一三年一〇月一八日の殯は「百済の大殯」と呼ばれ、大規模に行われたことがわかります。その場所は王宮の北方でした。一般的に、殯は王宮の南庭で行われることが多いのですが、ここでは北方に作られていました。これにはいくつかの理由が考えられます。まず、この殯が「百済大殯」と呼ばれるように、従来の殯よりも大規模であったこと。百済大宮の南方には米川が迫っており、安定的な大規模な空間が確保できなかったこと。吉備池廃寺から北へ四〇〇メートルには横大路が通過しており、百済大殯が横大路の南に近接してあったことなどが、その理由として考えられます。

いずれにしても、百済大宮は、それまでの王宮とは異なる規模であった可能性が高く、吉備集落と重なるようにあったと考えます。今後の発掘調査で、王宮の遺構が確認されることが望まれます。

（飛鳥遊訪マガジンVol.152　二〇一三・一・一一）

磐余とその周辺

平成二三年（二〇一一）一二月、香久山山麓《かぐやまさんろく》の北側で古代の池の堤が見つかりました。「磐余池《いわれいけ》」と考えられています。この池が「磐余池」であるとすると、その歴史的な位置づけや、香久山北方の空間構成を考える重要な指標になります。しかし、ここを「磐余池」とするには、まだ課題も多いと考えられます。特に、すぐ東北方には百済大寺《くだらのおおでら》と考えられている吉備池廃寺《きびいけはいじ》があり、そのあたりは「百済」と呼ばれていたと考えられることなどが指摘できます。今回は磐余地域と、磐余周辺の地名について考えてみたいと思います。

磐余の諸宮

「磐余池」の検討過程において、磐余の諸宮の比定をし、磐余の範囲を検討したのは和田萃《わだあつむ》氏です。詳細は『明日香風』一二三号に記されていますが、ここでは要点だけを紹介しておきましょう。

磐余地域にあった諸宮としては、神功皇后《じんぐうこうごう》はともかく、履中元年に履中《りちゅう》天皇が磐余稚桜宮《わかざくらのみや》で即位し、翌二年には、磐余池が造られました。清寧《せいねい》天皇の宮は、磐余甕栗宮《みかくりのみや》です。その推定場所は、『帝王編年記』によると桜井市白河あたりとしていますが、その根拠は記されていません。一方、『大和志』では橿原市東池尻町の御厨子《みずし》観音《かんのん》ちかくに想定されています。継体《けいたい》天皇は河内の樟葉宮《くずはのみや》で即位しましたが、継体二〇年に磐余玉穂宮《たまほのみや》に遷ります。この磐余玉穂宮は桜井市池之内周辺とされていますが明確ではありません。敏達《びだつ》天皇は百済大井宮を営み、敏達四年には譯語田幸玉宮《おさださきたまのみや》に遷りました。百済大井宮はかつて広陵町《こうりょうちょう》百済あたりとされていましたが、吉備池廃寺の発見を受けて、桜井市吉備周辺に推定されるようになりました。譯語田幸玉宮は、桜井市戒重の小字「和佐田」が明治以前は「他田《おさだ》」であることや、寺川と粟原川の合流地点に「幸玉橋」が架かっていることなどから、このあたりを譯語田幸玉宮としました。大津皇子《おおつのみこ》の訳語田舎《おさだ》も近辺に推定されます。用明《ようめい》天皇は磐余池辺雙槻宮《いけべのなみつきのみや》を造営します。この池辺が磐余池の辺りに造営されたことが推測されます。

これらの検討を踏まえて、和田氏は「磐余」の範囲は、寺川《てらかわ》左岸の香久山東北麓としています。より具体的には、倉橋《くらはし》あたりから東光寺山《とうこうじやま》、戒重《かいじゅう》の幸玉橋、耳成山《みみなしやま》、香久山を結んだ広範囲に考えられているようです。

磐余地域の再検討

今回、発掘調査で確認された池跡は、「磐余池」と考えられています。しかし、本当にそうでしょうか。ここを「磐余池」とするためには、このあたりの地域名称が「磐余」でなければなりません。しかし、この池の北東七〇〇《メートル》には、「百済大寺」と考えられる吉備池廃寺があります。つまり池跡の北方は「百済」と呼ばれていたことになります。さらに「磐余池」に臨んで造られた用明天皇の磐余池辺雙槻宮の南に、厩戸皇子《うまやとのみこ》の上宮があったとされていますが、この池跡の南は香久山山麓となり、上宮の立地が難しくなります。これらのことから、池跡の名称とこの地域の地域名称の再検討が必要となります。また、磐余の諸宮の比定地についても『帝王編年記』などの史料で推定地が示されているものもありますが、ほとんどその根拠を示さず、その場所は明確ではありません。唯一、磐余池が池ノ内の池跡ということをたよりに推定されているだけです。

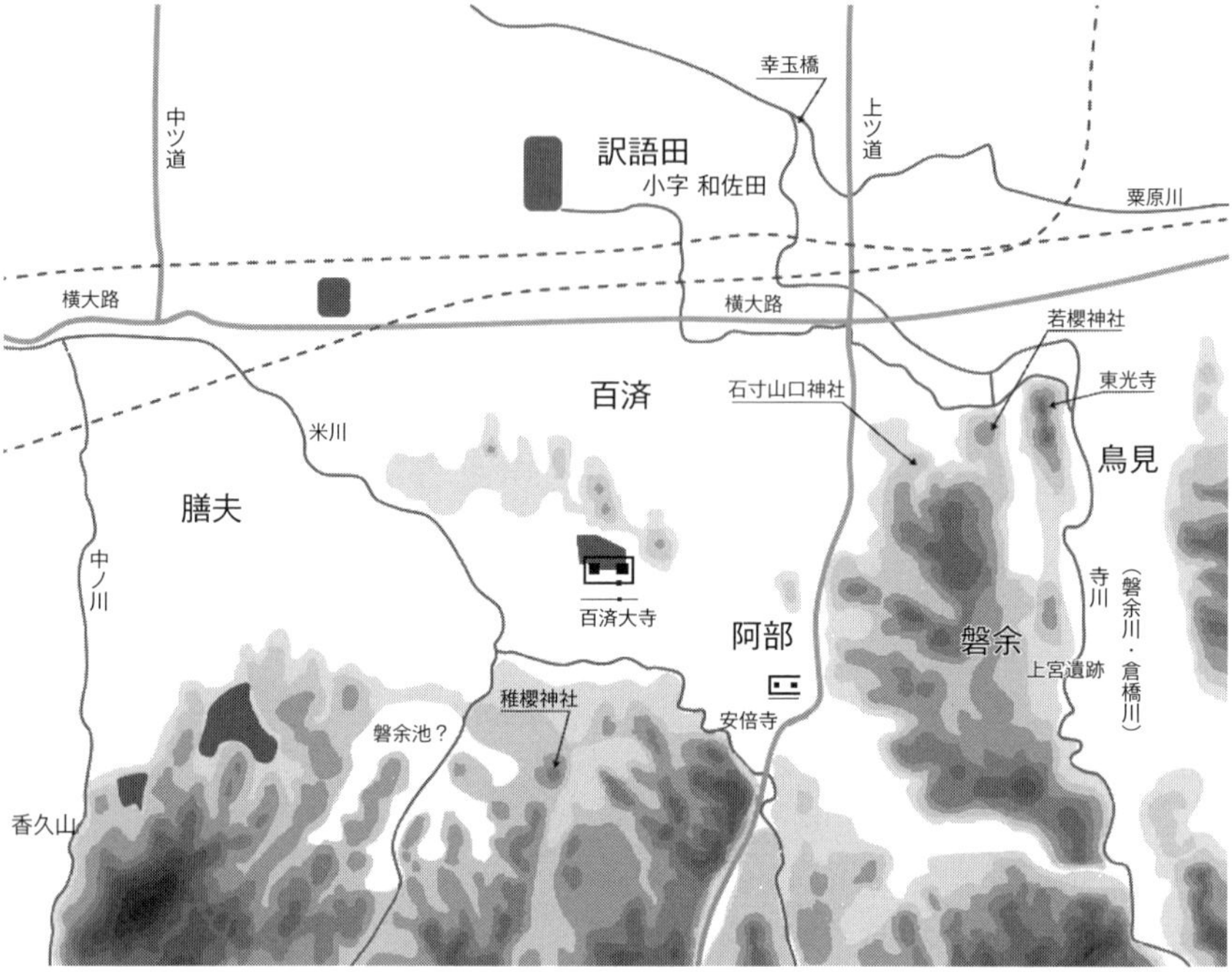

図46　磐余周辺地図

この「磐余」の地域については、千田《せんだ》稔《みのる》氏が別の指摘をしています。桜井市の安倍山という丘陵の北端に、式内社の石寸《いわれ》山口神社が鎮座しており、ここが「石寸山」ということになり、磐余がこの地域となります。さらにこの東にある丘陵には東光寺があり、その山号は「磐余山」と呼ばれています。もうひとつ「磐余」を推定する材料に稚桜神社があります。今回の池跡のすぐ東に「稚櫻神社」があります。これが、履中天皇は磐余稚桜宮にかかわるものとされていますが、実は「若櫻神社」はさらに東方の桜井市谷にもあります。ここは『延喜式』にあるように城上郡《しきかみぐん》に属している可能性があります。ちなみに池ノ内にある稚櫻神社は十市《とおち》郡に属することは間違いありません。

このことから、「磐余」とは、和田氏が想定するような広範囲ではなく、安倍山・東光寺山周辺の地名と考えられます。さらにいえば、上《かみ》ツ道《みち》の東、横大路の南、寺川の西に限定できると考えられます。このように「磐余」の範囲を推定すると、磐余の諸宮も場所は限定できませんが、この範囲内にあったと考えられます。そして、用明天皇の磐余池辺雙槻宮《いけべのなみつきのみや》の南にあったとされる厩戸皇子の「上宮《かみつみや》」が、まさに上宮遺跡として浮かびあがってきます。

では、磐余の周辺はどのような地域名称だったのでしょうか。横大路の南側地域では、磐余の東、寺川対岸には鳥見山《とみやま》があり、「鳥見」と推定できます。一方、磐余の西側には、上ツ道を挟んで、「阿部」「百済」「膳夫《かしわで》」と並んでいます。各地名の境界は明確ではありませんが、百済と膳夫の境界は米川の可能性があります。しかし、阿部と百済の境界は、今のところ明確な境界施設がみられません。まだ謎です。一方、横人路の北側地域では、上ツ道の西側、寺川の南側が「訳語田」と考えられます。

「磐余」の範囲が限定され、その周辺の地域名称が復元できると、歴史がより身近なものとしてとらえることができます。この地域が飛鳥時代以前の歴史の主舞台となったのは、その立地に重要な鍵があったと考えられます。横大路と上ツ道の交差点付近です。この衢《ちまた》を中心として、飛鳥前史が展開されていたのです。

（飛鳥遊訪マガジンVol.159　二〇一三・四・一九）

香久山山麓の池と磐余池

香久山《かぐやま》北麓の古代の池跡は、「磐余池《いわれいけ》」と考えられています。しかし、前章でも検討したように、この池周辺は「磐余」ではありません。本章は、この磐余池を再検討したいと思います。

「磐余池」の調査

今回の池跡は「磐余池推定地」としてよく知られていたところです。橿原《かしはら》市教育委員会は、ここが藤原京の範囲内に含まれていることから、「大藤原京左京五条八坊」や「東池尻・池之内遺跡」と呼称しています。

発掘調査では、谷を人工の堤で築堤した池跡が確認されました。池は六世紀後半以前には造られていたと考えられ、その堤の上には数時期の掘立柱建物《ほったてばしらたてもの》や大壁建物《おおかべたてもの》が確認されています。建物のなかで最も古いのは大壁建物で、渡来系集団に関わるものです。池の築造にあたって、渡来人《とらいじん》が関与したことを示すものとなりました。その後、掘立柱建物に建て替えられますが、この建物が廃絶する時期は、七世紀前半で、磐余から飛鳥へ歴史空間が遷ることと対応していることは興味深いことです。

発掘された古代池跡

今回の池跡は、発掘される四〇年も前に、文献史料の検討と、現地での踏査の結果を踏まえて、「磐余池」と和田萃《わだあつむ》氏が推定していました。しかし、和田氏はこの池の他にもうひとつ池ノ内の稚櫻神社《めかさくらじんじゃ》の東側にも池跡を推定しています。このことから、香久山北麓には谷をせき止めた複数の池が想定されます。

磐余池は履中二年一一月に「磐余池を作る」とあります。また、履中三年一一月には、両枝船を磐余市磯池に浮かべ、遊宴したことが記されており、杯に桜の花びらが入ったことから、宮の名称を磐余稚桜宮《わかざくらのみや》としたとあります。この「磐余池」と「磐余市磯池」が同一の池なのか別の池なのかはわかりませんが、記事の隣接からみて、同一の池であったと考えられています。さらに用明《ようめい》天皇は磐余池辺雙槻宮《いけべのなみつきのみや》を造営します。この池辺が磐余池にあたり、この近くに宮を造営したことが推測されます。

また、大津皇子《おおつのみこ》の有名な辞世の詩に「磐余池」がでてきます。大津皇子の訳語田《おさだ》舎は戒重あたりに推定されており、飛鳥浄御原宮《あすかきよみはらのみや》から訳語田舎に連行される間に、磐余池を通ったと考えられています。そうすれば、両者はそう遠くない途中にあったと考えられます。

このことから、香久山北麓の池跡が「磐余池」と考えられてきたのです。しかし、発掘調査では、六世紀後半以前の池跡であることは判明しましたが、池の名称までは特定できませんでした。さらに、今回の池跡は前回検討したように「磐余」ではなく、「百済」や「膳夫《かしわで》」にあった可能性もあります。その意味では「磐余池」ではありえないのです。

では、今回の池跡が「磐余池」でないとすれば、何と呼ばれていたのでしょうか。応神朝には「百済池」と呼ばれる池名が記されています。百済にある池ということでは、ひとつの有力な候補となるでしょうが、池跡はさらに複数あったと考えられ、池の位置は、地域境界の微妙な場所にあることから、現段階では池の名称までは特定できません。

図 47　和田説磐余池所在地

図 48　和田説磐余池大津皇子歌碑

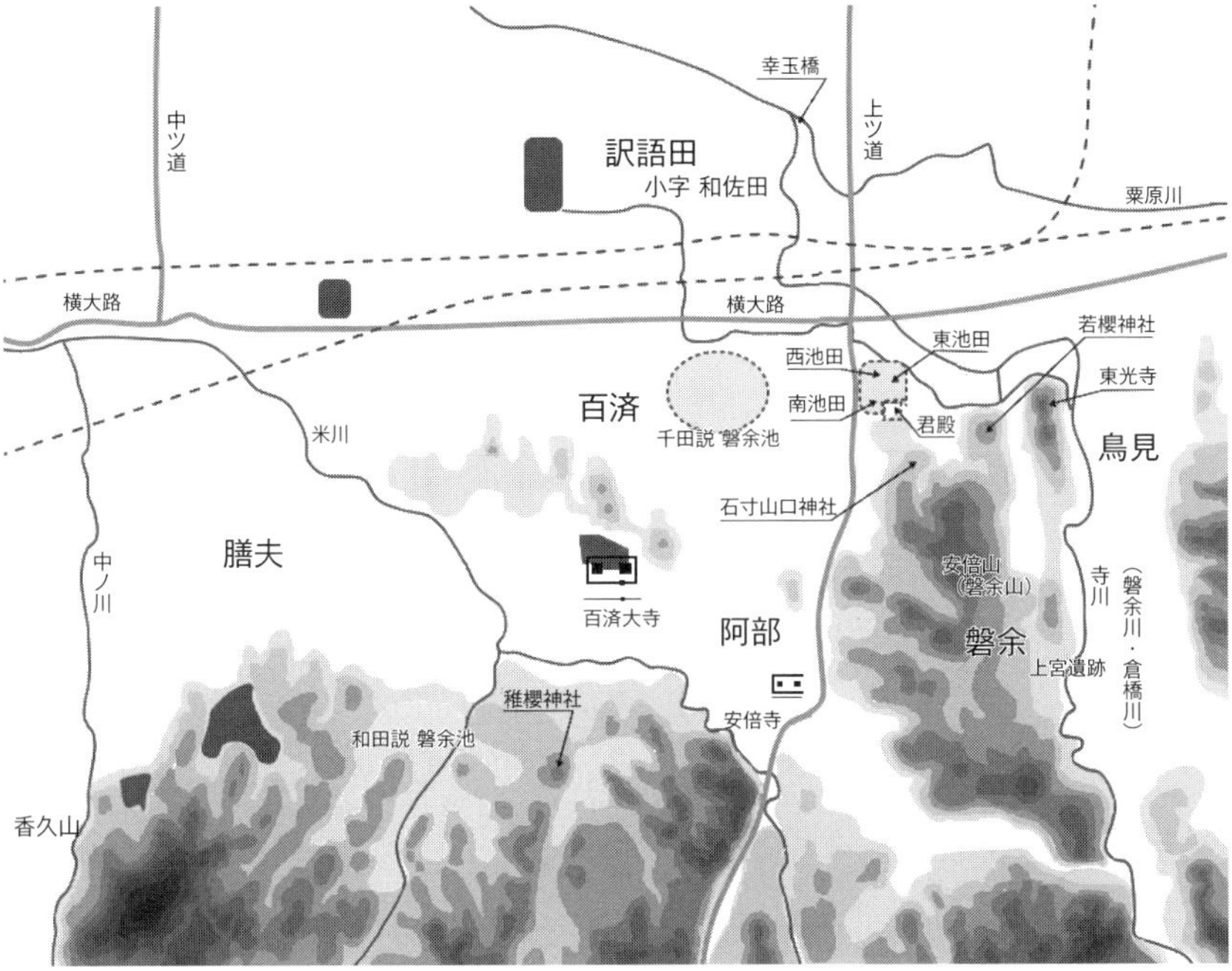

図 49　磐余周辺の池跡推定地

磐余池の再検討

前回に検討したように、磐余の範囲は上《かみ》ツ道《みち》の東、横大路の南、寺川《てらかわ》の西にあたる安倍山・東光寺山を中心とした地域と考えられます。千田《せんだ》稔《みのる》氏は磐余池を、横大路の南側で上ツ道の西側（現在の阿部の交差点）あたりに想定しています。このあたりは、地形がやや低くなっており、「ミドロ」などの小字も残されていますが、私は磐余の範囲を先のように考えているので、磐余池は上ツ道の東にあったと考えています。

ここで注目されるのは安倍山（磐余山）のすぐ北西にある地域です。ここは横大路から一〇〇メートルほど南に位置しますが、上ツ道に東接する場所（現在のヤマトー桜井南店あたり）です。ここに「西池田」「東池田」「南池田」という小字名が約二〇〇メートル四方の条里地割の中に残されています（ここではこれらの小字を総称して「イケダ」と呼んでおきましょう）。残念ながら周辺はすでに宅地開発が進んでおり、池跡を示す地形は残されていませんが、これだけ広範囲に池を伺わせる小字が残されているのは重要です。さらにこの区画の南東部には小字「君殿」とあり、宮や建物の存在を伺わせます。これが磐余池と磐余池辺雙槻宮の位置関係と重なります。

この「イケダ」への水はどこからくるのでしょうか。興味深いのは、東光寺山の東側で寺川に井関《いせき》があり、ここから引いた水が水路を使い、今回の「イケダ」の北に接して西行することです。また、上ツ道に併走する水路（上ツ道の側溝を兼ねていた）が、やはり「イケダ」の西に接して北上し、合流します。現在これらの水路の水は、大福集落方向へと流れていきますが、寺川との間の狭い範囲に水を供給している井関です。しかし、「イケダ」に池を推定すると、必ずしも水田への供給のためだけに造られた井関ではなく、池への供給も兼ねていたと考えられます。

このように推定すると、「磐余」の中にある池として「イケダ」が有力な候補となります。そして、それは山麓の谷を堤によって造った池ではなく、平地に造られた池だったと考えられます。

（飛鳥遊訪マガジンVol.162　二〇一三・五・三一）

菖蒲池古墳をめぐる諸問題

菖蒲池古墳の調査から

橿原《かしはら》市教育委員会は、明日香《あすか》村との境界にある菖蒲池《しょうぶいけ》古墳の調査を、平成二一年（二〇〇九）度から毎年継続しています。そして、今年の調査成果を発表し、その現地説明会が開かれました。

菖蒲池古墳は、これまでから石室《せきしつ》の一部と石室内にあるふたつの家型石棺《いえがたせっかん》が知られていました。石室は切石《きりいし》を二段積み上げた細長い石室です。岩屋山《いわややま》古墳よりは、やや新しいと考えられますが、その年代観については研究者によって、七世紀中頃から後半と幅があります。家型石棺は播磨産竜山石《たつやまいし》で、棟飾りがある特殊なものです。さらに石棺内部には漆《うるし》が塗られています。

これまでの調査で、古墳は一辺約三〇メートルの二段築成の方墳であることがわかっています。墳丘裾《ふんきゅうすそ》と上段裾には一段の基底石《きていせき》をめぐらせ、古墳の前面には礫敷《れきじき》、堀割底《ほりわりそこ》には砂利敷《じゃりしき》があることも判明しています。墳丘は版築《はんちく》状に土を積み上げ、一部では土嚢《どのう》を用いていることもわかってきました。また、墳丘の南西角は過去の地震により地滑《じすべ》りを起

図50　石室内のふたつの家形石棺

図51　基底石の状況

こしていることがわかり、隣接して藤原京期の石組溝《いしぐみみぞ》も見つかっています。

今回の調査は二ヵ所で行われました。まず墳丘北東角の調査区では、墳丘の積土と北東角の基底石が直角に折れる形状が確認されています。これは南西角と同じ構造です。掘割の底面幅は非常に狭く、五〇㌢程度しかありません。昨年調査した南東角では四・三㍍と広い掘割と、その底部に砂利敷が敷かれていたことと異なります。今回の調査で、北西角以外の三ヵ所のコーナーが確認されたことになり、墳丘の規模が確定しました。

もうひとつの調査区は墳丘の東方の、古墳の三方を囲むようにある尾根の部分です。ここでは自然の尾根《おね》を削り出していますが、尾根の東側斜面には版築状の積土《つみつち》をしていました。おそらく尾根の形状を整えるために盛土《もりど》をしていたと考えられます。また、これに伴う東斜面裾に幅一㍍以上の石敷があります。石敷は一五㌢程度の扁平《へんぺい》な川原石《かわらいし》を敷き詰めており、尾根側の見切石《みきりいし》には吉野川の結晶片岩を一列立てています。このような石敷は飛鳥地域では、宮殿や庭園、そして寺院にしかみられないものです。その後、この石敷を埋めて盛土し、その上から掘立柱建物《ほったてばしらたてもの》を一棟建てています。建物は柱掘形が一㍍程度あり、柱間も三㍍もあることから、立派な建物です。建物規模は東西五間、南北四間以上とされていますが、五×二間の南に廂《ひさし》のつく建物の可能性や、間仕切《まじき》りのある南北四間以上の建物の可能性もあります。ただし、今回の調査では建物の時期は特

図52　敷き詰められた扁平な川原石

定できず、建物の性格も不明です。

今回の調査では、このように新たな発見もありましたが、課題も残されました。菖蒲池古墳は七世紀中頃に造られたと考えられます。そして、菖蒲池古墳を含めて五条野《ごじょうの》古墳群は蘇我《そが》氏の奥津城《おくつき》とする説が有力です。菖蒲池古墳の被葬者についても蘇我倉山《くらやま》田《だ》石川《いしかわ》麻呂《まろ》と蘇我興志《ここし》の名前もあげられています。問題は、古墳の隣接地で確認された建物です。この建物を建てるにあたって、菖蒲池古墳の濠《ほり》を埋めていることです。これによって、二段築成の墳丘の下段がほぼ隠れてしまいます。築造からわずか四〇～五〇年ほどで、古墳が埋められたことになります。このように築造からすぐに埋められる古墳は、石舞台古墳下層の古墳以外、あまりありません。石舞台古墳下層の古墳群は、石舞台古墳築造のために壊されました。それに対して、菖蒲池古墳は建物建設のために濠を埋めています。この建物の重要性を示すとともに、短期間で古墳が破壊されたことは、古墳の被葬者像にも影響します。今回の調査では、新たな発見と新たな謎が生まれたのです。

（飛鳥遊訪マガジン Vol.156 二〇一三・三・八）

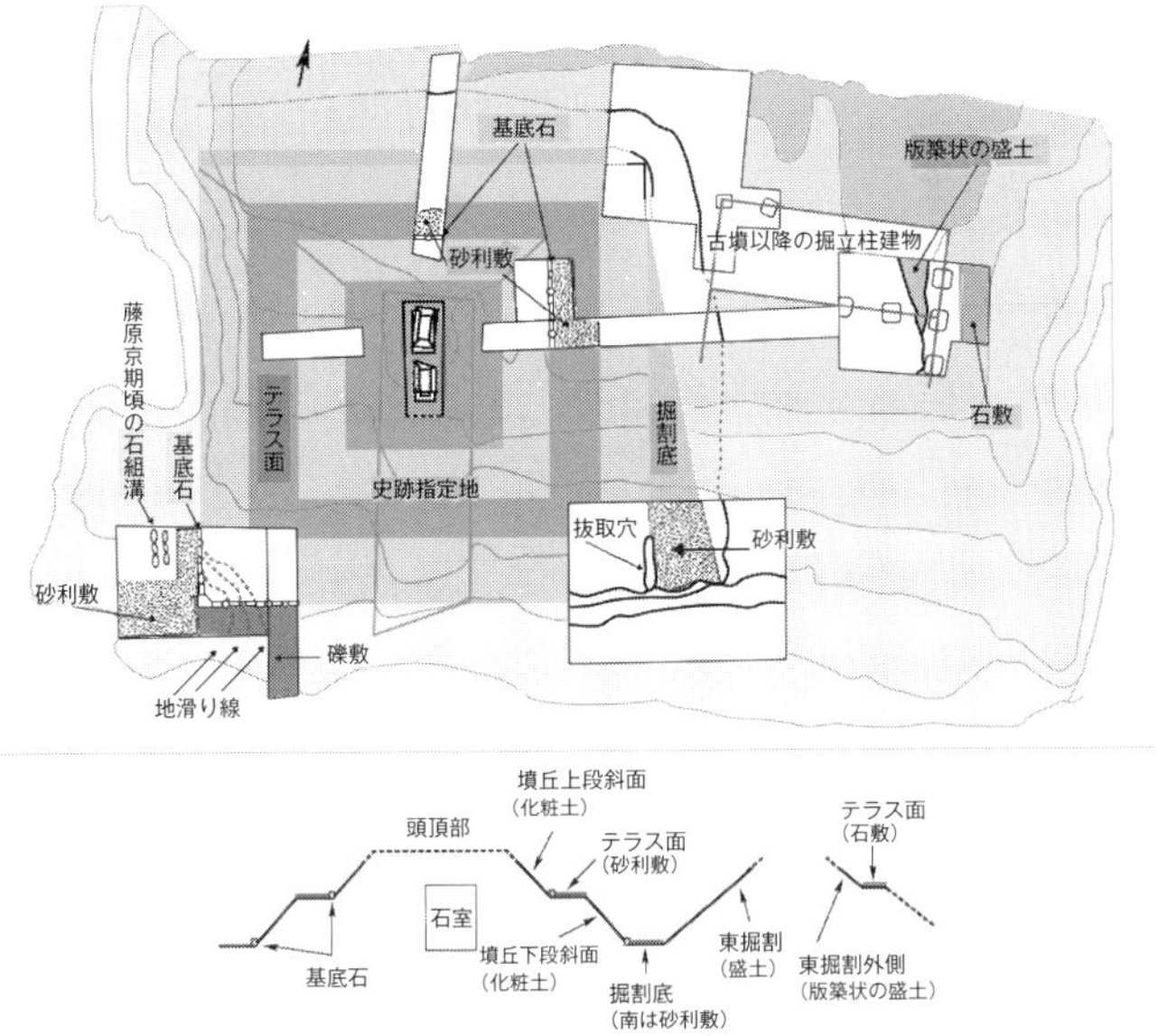

図53　菖蒲池古墳の構造図

【参考文献】　橿原市教育委員会編『菖蒲池古墳』（二〇一五）

飛鳥時代王宮の造営

舒明《じょめい》天皇の王宮は、飛鳥岡本宮《あすかおかもとのみや》と百済大宮《くだらのおおみや》です。このうち百済大宮は、それまでの王宮よりも大きな宮であったことが、史料からうかがわれます。本章では、この飛鳥時代の王宮の造営についてみていきたいと思います。ここで注目する視点は、王宮の造営期間と造営体制です。

飛鳥の王宮の造営期間と体制

崇峻《すしゅん》五年（五九二）一一月三日に崇峻天皇が暗殺され、同年一二月八日に、推古《すいこ》天皇は豊浦宮《とゆらのみや》で即位しました。この間わずか一ヵ月で即位したことになります。このことから、豊浦宮は新造の王宮ではなく、既存施設を利用・改修した王宮であったと考えられます。そして、その造営方位も、豊浦寺下層の調査成果からみて、地形に合わせた斜方位であったと考えられています。

そして天皇は、推古一一年（六〇三）一〇月四日に小墾田宮《おはりだのみや》へ遷宮しました。その造営開始を記す史料はありません。小墾田宮造営の背景には西暦六〇〇年の第一回遣隋使《けんずいし》がありました。仮に推古九年五月の耳梨行宮行幸が小墾田宮造営の準備と関係するとすれば、最長で二年五ヵ月かかっていることになりますが、この行幸と小

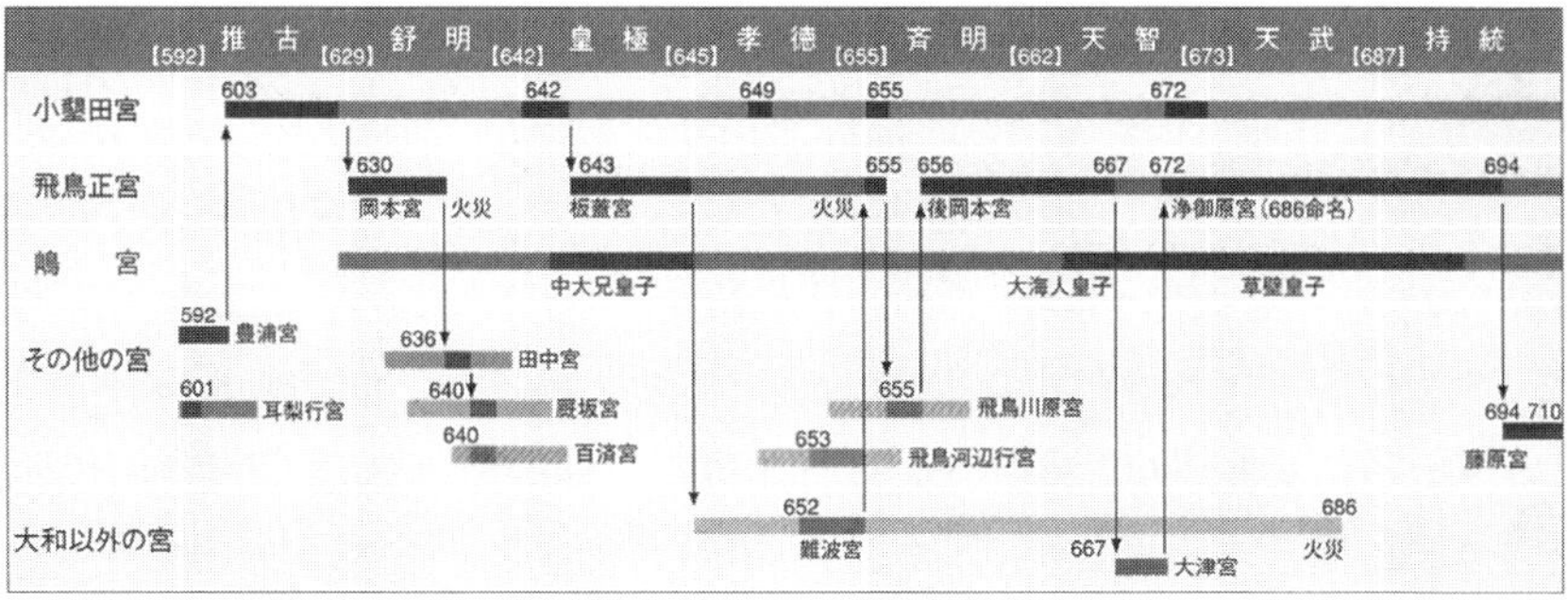

王宮名	造営開始	遷宮（完成）	期　間	備　考
豊浦宮	592年11月3日(崩御)	592年12月8日(即位)	約1ヵ月	
小墾田宮	不明	603年10月4日(遷宮)	2年5ヵ月(以内)	
飛鳥岡本宮	629年1月4日(即位)	630年10月12日(遷宮)	約1年9ヵ月(以内)	
百済大宮	639年7月(造営詔)	640年10月(遷宮)	約1年4ヵ月	西国の民を動員
飛鳥板蓋宮	642年9月19日(造営詔)	643年4月28日(遷宮)	約7ヵ月	遠江～安芸まで動員
難波長柄豊碕宮	645年12月9日(難波遷都)	652年9月(完成)	6年10ヵ月	悉く論ずべからず
後飛鳥岡本宮	655年冬(火災)	656年是歳	約1年3ヵ月(以内)	
近江大津宮	666年冬(鼠)	667年3月19日(遷宮)	約3～6ヵ月以上	
飛鳥浄御原宮	672年9月15日(遷宮)	672年冬(南に増築)	—	後飛鳥岡本宮

図54　飛鳥時代諸宮の変遷

墾田宮の造営との関係は明確ではありません。ただし小墾田宮は、豊浦宮とは比べものにならないもので、隋を意識した王宮で、正方位を指向していたことは明らかです。

続いて舒明天皇は、舒明元年（六二九）一月四日に即位をしましたが、飛鳥岡本宮に遷宮したのは舒明二年一〇月一二日です。この間、舒明天皇がどこに居住していたのかは明確ではなく、造営の開始時期も記されていません。即位直後から造営が開始されたとすれば、最長で一年九ヵ月間が飛鳥岡本宮の造営期間と理解できます。そして、舒明天皇の即位事情からみて、蘇我氏が王宮造営に関与した可能性が高いと考えられます。

次の百済大宮の造営開始の詔は舒明一一年七月です。そして、百済大宮への遷宮は舒明一二年一〇月であることから、造営期間は一年四ヵ月とみられます。さらに大宮造営のために西国の民を仕丁にあてるなど、それまでにない大規模な造営体制をとっていたことは注目されます。

皇極《こうぎょく》天皇は、皇極元年（六四二）一月一五日に即位しました。飛鳥板蓋宮《いたぶきのみや》の造営は同年九月一九日に開始しています。その造営にあたっては、遠江《とおとうみ》から安芸《あき》国までの広範囲の仕丁を動員しています。その遷宮は、皇極二年四月二八日で、約七ヵ月の造営期間で完成させています。わずか半年で王宮を造営していますが、造営体制は百済大宮よりも広範囲から仕丁《しちょう》を動員していることからみて、少なくとも百済大宮と同程度か、それ以上の大規模な王宮であったことが推測されます。このことは、飛鳥宮跡Ⅱ期遺構の規模をみてもうなずけます。

孝徳《こうとく》天皇は王宮を飛鳥から難波《なにわ》へ遷しました。難波長柄豊碕宮《ながらとよさきのみや》です。この王宮の造営過程は複雑ですが、近年の研究では、味経宮《あじふのみや》の正式名称が難波長柄豊碕宮と考えられています。つまり白雉《はくち》元年（六五〇）一月一日の味経宮への行幸時には、王宮中枢部の造成が終わっていたとみて、その前年の大化五年（六四九）には造営が開始されたものと考えられています。しかし、大化二年（六四六）三月一九日にある「新宮造営」が難波長柄豊碕宮だとすると、大化元年一二月九日の「都を難波長柄豊碕宮に遷す」という記事が遷都予定地の決定になります。そして、白雉三年九月に完成し、「宮殿の様子は、悉く論ずべからず」と荘厳であったと記されています。実際、確認されている前期難波宮跡は藤原宮に匹敵する規模・構造を有していることがわかっています。その造営期間は、六年一〇ヵ月以上にも及ぶことになりますが、それにふさわしい王宮が前期難波宮でした。

しかし、中大兄皇子《なかのおおえのおうじ》らは、孝徳天皇を難波に置いて、飛鳥に戻ります。孝徳天皇崩御後、皇極太上天皇は旧宮である飛鳥板蓋宮で即位し、斉明《さいめい》天皇となりました。この飛鳥板蓋宮は斉明元年（六五五）冬に火災にあいます。次の後飛鳥岡本宮に遷宮したのは斉明二年です。残念ながら月日の記載がないので、明確ではありませんが、板蓋宮火災直後から造営を開始したとすれば、最大で一年三ヵ月の造営期間が見込まれます。王宮の造営体制については、記されていませんが、この時期には吉野宮や宮東山の石垣、両槻宮などの造営が相ついでおり、王宮の

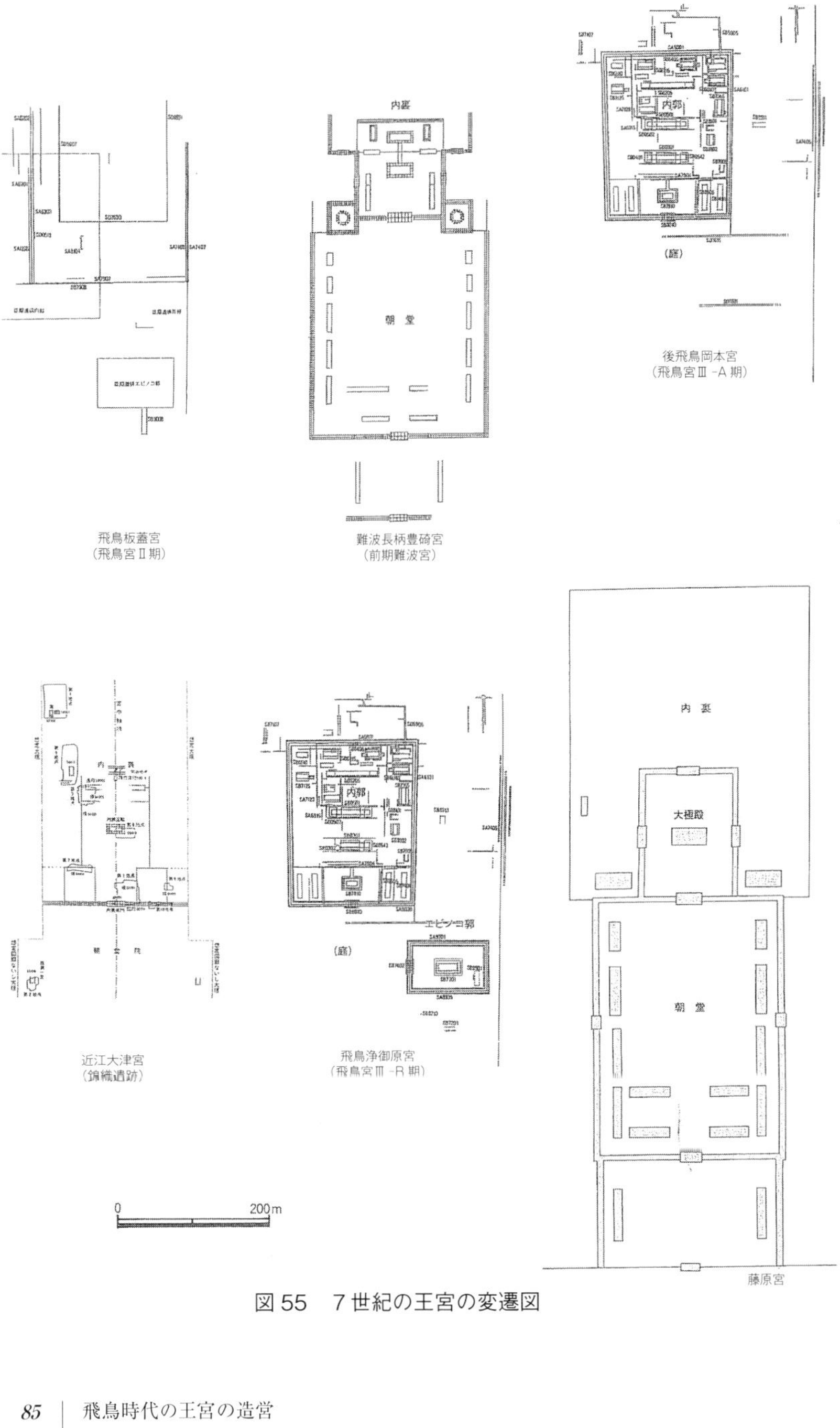

図55　7世紀の王宮の変遷図

造営にあたっても、かなりの動員があったことが予測されます。

天智天皇は天智六年（六六七）三月一九日に都を近江大津宮に遷しました。しかし、大津宮の造営を開始する記録は残されていません。そこで興味深いのは、天智五年冬「京都の鼠、近江に向きて移る」という記事です。少なくともこの頃には遷都の動きがあり、大津宮の造営が始まっていたと推定されます。すると、造営期間は少なくとも三ヵ月から六ヵ月以上あったと考えられます。また、その造営には近江の渡来人《とらいじん》の力が大きく働いていたことが考えられます。

天武《てんむ》天皇は後飛鳥岡本宮を改修して飛鳥浄御《きよみ》原宮《はらのみや》としています。壬申《じんしん》の乱に勝利したのち、天武元年（六七二）九月一二日に嶋宮に入り、三日後の九月一五日に後飛鳥岡本宮に遷宮しました。そして、その冬に宮を増築しています。つまり、天武天皇は母である斉明天皇の後飛鳥岡本宮に入り、そこを改造したことになるのです。

藤原宮の造営は、天武末年には始まっていました。もっとも条坊区画《じょうぼうくかく》の造営はそれよりも早く天武五年には造営を開始していましたが、王宮と王都を一体として造営する大規模なものとなっています。

王宮造営の画期

ここまで飛鳥時代の王宮の造営期間と体制についてみてきました。しかし、藤原宮の例をみるまでもなく、新しい王宮に遷宮したからといって、王宮全体が完成したとはいい切れません。少なくとも天皇の居住に支障のないところまでは完成したとみて、遷宮後も造営は続いていたと考えられます。しかし、飛鳥時代の王宮の多くは、天皇の居住空間が中心で、公的空間はまだ小さかったと考えられます。藤原宮でも遷都時には、内裏はある程度完成していたのでしょうが、大極殿《だいごくでん》・朝堂院《ちょうどういん》は完成していませんでした。このことから難波宮と藤原宮を除いては、おおよそ王宮は造営期間内に完成していたとみても問題はありません。

そこで王宮の造営期間をみてきたのですが、造営期間の大小だけが、王宮の構造・規模が表せるとはいえず、造営の動員体制や王宮の質的構造など、考慮すべき点は数多くあります。

王宮の造営期間をみると、造営の開始から遷宮までの時期が明確なものは少ないのですが、はぼ一年以上かかっています。これに対して、短いのは豊浦宮と飛鳥板蓋宮・大津宮です。豊浦宮はすでにみたように、既存施設を改修した可能性が高いと思われます。一方、板蓋宮はわずか半年ですが、造営体制は極めて大規模なもので、その期間を縮めたのでしょう。大津宮は造営開始をどこまで遡るかによって、期間が延びますが、白村江《はくそんこう》の後の緊急時なだけに、近江遷都には特殊な状況があったと考えられます。一方、期間が長いのは難波宮ですが、これは宮殿中枢部だけでなく、新天地における王宮全体の造営が必要となり、官衙《かんが》群も充実していました。

これらを踏まえて、王宮造営変遷の画期を読み取ると、まず、小墾田宮に最初の画期を見いだせます。おそらく豊浦宮までは前時代（古墳時代）的な王宮であったのが、東アジアを意識した正方位の王宮へと変化しました。次の飛鳥岡本宮も同様です。この岡本宮までは蘇我一族の力によって王宮の造営もなされたとみて問題はありません。

次の画期は百済大宮です。その造営にあたっては、有力氏族ではなく、広く畿内周辺に仕丁を求めている点です。飛鳥板蓋宮では、その労働力の徴発範囲をより広範囲にひろげています。

そして、難波長柄豊碕宮です。その造営期間は非常に長期にわたります。その理由は、新天地における大規模な造成と、宮殿だけでなく官衙、さらには京も視野に入れたことにあるといえます。これは前期難波宮の発掘成果からもわかり、大化改新《たいかのかいしん》を象徴する王宮といえます。しかし、王宮の発展は、ここで停滞します。王宮構造からみても、難波宮の構造は藤原宮にちかく、発展系列からみると突出していました。続く後飛鳥岡本宮の王宮は、その流れからは、やや後退をしています。私はこれを「振り子現象」と呼んでいます。そして、最後の画期は藤原宮です。条坊制を伴う王宮・王都を一体として造営していきます。

このように王宮の造営期間や造営体制は、王宮の規模・構造や質的な変化の一端を現わしているのです。

（飛鳥遊訪マガジン Vol.165　二〇一三・七・一二）

【補註】その後の検討により、難波長柄豊碕宮の造営計画を六四五年一二月九日の難波遷都時に改めた。よって本章でも造営期間は六年一〇ヵ月と訂正した。

再び、飛鳥岡本宮を考える

舒明《じょめい》天皇の最初の王宮は、飛鳥岡本宮《あすかおかもとのみや》でした。その歴史や遺跡については、すでに紹介してきたところです。しかし、ここまでの話を続けてくるなかで、いくつかの疑問が浮かんできます。それは飛鳥岡本宮の造営方位と規模です。飛鳥岡本宮は飛鳥宮跡の下層、Ⅰ期遺構と推定されていますが、ここに推定されている斜方向の遺構群は、本当に飛鳥岡本宮そのものの遺構であろうか？　飛鳥岡本宮は正方位の王宮ではないのか？　という点です。本章ではこの飛鳥岡本宮について再考をしてみたいと思います。

飛鳥岡本宮の遺構

すでに紹介しましたが、飛鳥宮Ⅰ期遺構について、その特色を整理しておきます。

①王宮造営にあたって土地の大規模な造成は行っていない。
②地形に合わせた北で二〇度西へ振れる斜方位の遺構で構成される。
③その範囲はⅢ期の内郭からエビノコ郭まで広がる。
④掘立柱《ほったてばしら》遺構《いこう》が確認されているのはⅢ期の内郭地区だけである。

これらの特色が飛鳥宮Ⅰ期遺構の発掘調査でわかっています。

飛鳥岡本宮の再検討

飛鳥地域の王宮について、これまでの研究では、飛鳥板蓋宮《いたぶきのみや》以降の王宮は南北方位を重視した正方位の王宮と考えられています。これは七世紀前半の遺構群の多くが斜方位をとることと、飛鳥板蓋宮とされる飛鳥宮Ⅱ期遺構が、正方位であることが確認されているからです。

しかし、私は推古《すいこ》朝の小墾田宮《おはりだのみや》の位置が飛鳥寺に北接する石神《いしがみ》遺跡の東方に推定しました。そして、その遺構方位が正方位をしていることから、推古朝の小墾田宮は正方位をしていると考えています。さらに、舒明朝の百済大宮も吉備池廃寺《きびいけはいじ》との関係や、造営体制や期間から大規模な王宮と考えられ、正方位の可能性が高いと考えています。このふたつの王宮と、時期的に挟まれた飛鳥岡本宮も正方位とは考えられないでしょうか。つまり、飛鳥岡本宮も、いま一度、正方位の王宮の可能性を考えてみたいと思います。

まず、前章も検討した造営期間ですが、舒明天皇は、舒明元年（六二九）一月四日に即位をしましたが、飛鳥岡本宮に遷宮したのは舒明二年一〇月一二日です。即位直後から造営が開始されたとすれば、最長で一年九ヵ月間が飛鳥岡本宮の造営期間と考えられます。造営体制については明記されておらず、明確ではありませんが、蘇我蝦夷《そがのえみし》の後盾で即位した事情や、「飛鳥」に営まれた最初の王宮であったことから、蘇我氏が王宮造営に関与したことは容易に推察されます。その後見人の大きさと一年九ヵ月（以内）という期間を考えると、小規模な王宮とは考えられず、少なくとも小墾田宮に並ぶ規模・構造の王宮と考えられます。小墾田宮の場合、王宮設置可能範囲は東西一四〇メートル、南北一七〇メートルの微高地ですが、その内郭は一〇〇メートル四方程度でしょう。飛鳥岡本宮もこの規模クラスと考えられます。しかし、飛鳥宮Ⅰ期遺構群が展開する範囲は、Ⅲ期の内郭からエビノコ郭の範囲に広がっています。

これまでの調査では、飛鳥宮跡のⅢ期遺構は南の一段高い場所に内郭・エビノコ郭という中心施設が配置され、その北の一段低い場所に官衙《かんが》群や苑池《えんち》が展開していました。つまり立地の良いのは、南の高台ということになります。内郭の北方域、つまり飛鳥寺までの間では、確実にⅠ期にさかのぼる遺構は確認されていません。そして、Ⅲ期になって低地を造成していることもわかっています。飛鳥岡本宮もこれまでの推定どおり、内郭やエビノコ郭のある高台に展開していたと考えられます。

では、これまで確認されている斜方位の掘立柱遺構は、飛鳥岡本宮そのものの遺構なのでしょうか。確かに柱掘形は一㍍を越えるものがあり、宮殿クラスの柱穴とみても問題はありません。しかも、その深さは三〇㌢ほどしかなく、Ⅱ期遺構の造営に際して大きく削平されていることがわかります。この高台のなかでもっとも立地のよいのは、山側、つまりⅢ期内郭の東側です。Ⅱ期遺構もⅢ期遺構よりも山側に寄っていることからもわかります。内郭の東側は調査が少ないこともあり、Ⅰ期遺構は確認されていません。高台である立地から、Ⅱ期遺構造営にあたり、完全に削平されてしまった可能性も考えられます。また、従来Ⅱ期と推定されている遺構の中にも、Ⅰ期に属するものがあるかもしれません。よって、このあたりに正方位をもつ王宮中枢部を想定することも可能かと思われます。

発掘遺構によって、確認されていることではないので、現状では憶測の域をでませんが、飛鳥岡本宮のこれまでの認識を再検討することは必要と思います。その成果は小墾田宮や百済大宮、そして飛鳥の開発における位置づけなど、波及する問題は非常に大きいので、今後の調査視点のひとつとして、考えておくべきでしょう。

（飛鳥遊訪マガジンVol.168　二〇一三・八・一三）

舒明天皇陵の実像

舒明《じょめい》天皇は、舒明一三年（六四一）一〇月三日に百済大宮《くだらのおおみや》で崩御《ほうぎょ》し、百済大宮の北で殯《もがり》をしました。翌年一二月、滑谷岡《なめはざまのおか》に葬られました。その場所は明日香村冬野《ふゆの》ともいわれていますが、該当する古墳もなく不明です。そして、皇極二年（六四三）九月には、押坂陵に改葬されました。本章ではこの押坂陵《おしさかのみささぎ》についてみてみたいと思います。

押坂陵

『延喜式』によると、舒明天皇陵は「押坂陵内　高市崗本宮御宇舒明天皇。在大和国城上郡。兆域東西九町。南北六町。陵戸三烟」とあります。元禄九年（一六九六）の『前王廟陵記』では、その場所は特定されていませんが、桜井市忍阪あたりを想定しています。翌年の南都奉行所が地元に照会し、報告された覚書『山陵取締之件』では、桜井市忍阪にある段《だん》ノ塚《つか》について、いろいろと報告されてきました。それによると、地元には伝承はないものの、段ノ塚はその形がおよそ四角であること、その南斜面に大石があり、その隙間から覗《のぞ》くと広い奥行きの空間があることが報告されています。また、文久年間（一八六一〜六四）の『山陵記《さんりょうき》』には、石室《せきしつ》の中に二基の石棺《せっかん》があり、奥の棺は横向けに、手前の石棺は縦向けに置かれていたことが記されています。これをもとに南都

図 56　舒明天皇陵

奉行所は段ノ塚を舒明天皇陵としたことがわかります。その後も、この考え方が踏襲され、明治八年（一八七五）に宮内省は段ノ塚古墳を舒明天皇陵に比定しました。

段ノ塚古墳の内容

桜井市忍阪にある段ノ塚古墳は、西側に開く谷の奥ちかくの北側（南斜面）に築かれています。測量図からみると、三段になった段の上に、円丘が乗っています。段は南斜面に

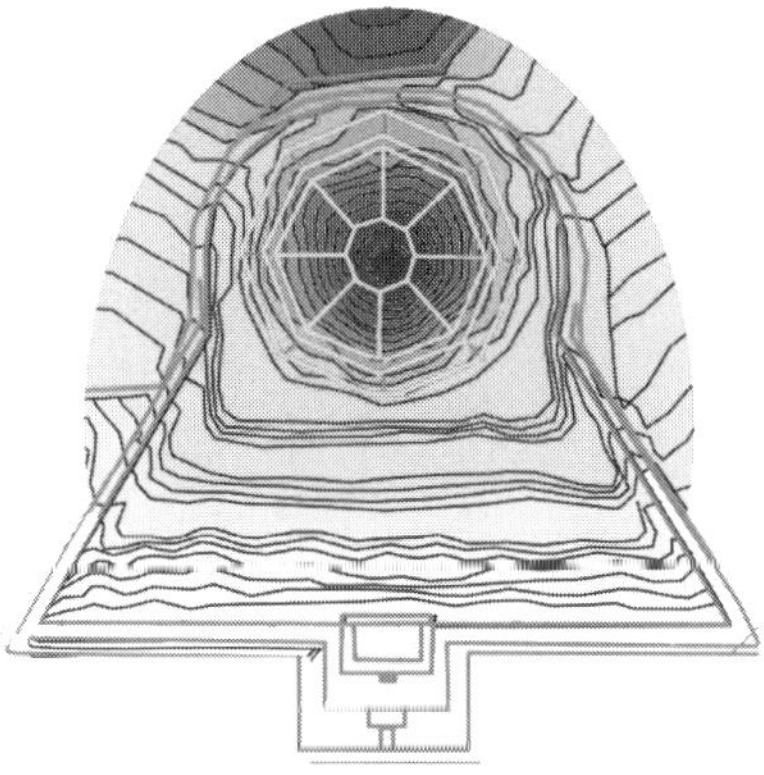

図 57　段ノ塚古墳

図 58　忍阪周辺地図

築造されていることから、古墳の南側はエプロンのように扇形に広がっています。墳丘は円墳とされていましたが、詳細な観察から、八角形《はっかくけい》墳《ふん》であることがわかりました。八角形墳はその後、斉明《さいめい》・天智《てんじ》・天武《てんむ》・文武《もんむ》と続く墳形の最初の事例です。墳丘には、榛原石《はいばらいし》の磚《せん》が葺《ふ》かれていたようで、築造当初は、正面からみると、段の上に築かれた八角をした石のピラミッドのように見えたことでしょう。石室は明確ではありませんが、『山陵取締之件』や『山陵記』の記録から、横口式石槨《よこぐちしきせっかく》ではなく、石棺をふたつ安置できる横穴式石室であることがわかります。

舒明天皇陵の実像

段ノ塚古墳は、忍阪地域にある大規模な古墳で、墳形が八角形をしていることから、舒明天皇陵とみて間違いないものと思われます。さらに『延喜式』には田村皇女《たむらのひめみこ》の墓が舒明天皇陵内、大伴《おおとも》皇女の墓が押坂陵域内、鏡《かがみ》皇女の墓が押坂陵域内東南にあると記されており、大伴皇女・鏡皇女の墓とされる古墳が、押坂陵の東方にあります。そして、舒明天皇と合葬《がっそう》された田村皇女の石棺が、石室内の手前の棺と考えられます。

ここで最も大きな課題となるのは、八角形墳が舒明天皇陵からはじまることです。それまでの天皇陵は、敏達《びだつ》天皇陵までは前方後円墳、そして推古《すいこ》天皇陵までは方墳でした。ここで新たに八角形墳を採用する意味を考えなければなりません。つまり、天皇が他の豪族とは違う存在であることを、古墳においても誇示する必要がありました。そこで、中国の思想などを取り入れた、それまでのわが国にはなかった独自の墳丘形式を採用したのです。ただ、舒明天皇陵が舒明天皇の意思において八角形を採用したのか、あるいは舒明陵の築造を主導した皇極《こうぎょく》天皇によって発案されたのかは、今後、舒明朝の評価を考える時に、大きなポイントとなります。

（飛鳥遊訪マガジンVol.172　二〇一三・一〇・一八）

舒明朝の意義と課題

平成二四年（二〇一二）に『古事記』編纂一三〇〇年を迎え、舒明《じょめい》朝が見直されています。それは遺跡の側面からもうかがうことができるものです。これまで舒明朝の事跡は『日本書紀』にあまり記されていませんでした。ゆえに舒明天皇は影の薄い存在だったのです。しかし、百済大寺《くだらのおおでら》の発見や、百済大宮《おおみや》の存在、さらに八角形墳の創出など、舒明朝の遺跡が明らかになると、その規模や独創性などから、舒明朝の再検討がなされたのです。最後にこのような点を整理し、舒明朝の意義と課題についてみてみましょう。

『古事記』にみる「今」

『古事記』は神代《かみよ》の時代から推古《すいこ》朝までのことを記す「ふることのふみ」です。その序文には「上古の時」とあり、編纂《へんさん》対象が「上古の時」であり、編纂対象以降が「今」と位置づけています。つまり飛鳥・奈良時代の人々にとって、推古朝以前が「上古」であり、舒明朝以降が「今」ということになります。「推古」の名称も「いにしえ（古代）を推す」という意味で、『古事記』の幕引きを務めた推古天皇にふさわしい漢風謚号といえます。『古事記』の編纂状況をみると、ここに推古朝と舒明朝の間に画期があったことが伺えます。

図59　天の香具山

舒明の国見歌と香久山

『万葉集』巻一―二に「大和には　群山あれど　とりよろふ　天の香具山　登り立ち　国見をすれば　国原は　煙立ち立つ　海原は鴎立ち立つ　うまし国そ　蜻蛉島　大和の国は」とあり、舒明天皇が香具山で望国した時の制歌とされています。国見とは、単に国中を眺めたというだけではなく、最も生命力の旺盛な春先に眺望の良い高地に昇り、四周を遠望して、支配下の国土を誉め、国土繁栄と長命を祈る予祝《よしゅく》の儀礼です。まさに、「今」の時代の最初の天皇にふさわしい歌であり、新しい時代を象徴する儀礼でもありました。

飛鳥での初めての王宮

飛鳥岡本宮《あすかおかもとのみや》は、飛鳥寺の南方に位置し、「飛鳥」においてはじめて営まれた王宮です。これ以降約六〇年間にわたり、この「飛鳥」に王宮が建て続けられました。その意味でも舒明朝が、飛鳥宮の時代の始まりといえます。この王宮は、地形に合わせた方位をもつ、小規模なものと考えられてきましたが、推古朝の王宮や百済大宮の存在を考えると、正方位であった可能性も模索すべきです。

百済大寺の革新性

大官大寺《だいかんだいじ》の前身であった百済大寺は、その位置を含めてまったく不明でした。しかし、吉備池廃寺《きびいけはいじ》の発掘によって、並外れた規模の堂塔《どうとう》と伽藍《がらん》が確認されました。それまでの寺院とは比べものにならない大規模なもので、のちの大官大寺に匹敵するものです。このことから、吉備池廃寺は百済大寺と推定されたのです。そして、その塔は九重塔《くじゅうのとう》でした。当時、東アジア各国では、国家のシンボルとして九重大塔を建立していました。百済大寺の塔も、まさに東アジアのスタンダードとしての位置付けができ、わが国の東アジア世界での位置を確かなものとしました。

新しい墳墓スタイルの創造

舒明天皇陵は、その墳形に初めて八角形を採用します。これはその後の飛鳥時代天皇陵のスタンダード・モデルとして位置づけられます。この独創的な墳形は、天皇の地位が、他の豪族よりも上位にあることを示すもので、国土の隅々まで治めるという思想的背景がありました。

舒明朝の意義と課題

このように、近年の調査研究は、それまでの舒明像を大きく塗り替えるものとなっています。『日本書紀』には明確に記されてはいませんが、王宮や大寺、そして墳墓にその思想が含まれています。そして、それは東アジア世界を見据えたものであったこともわかってきました。

しかし、舒明朝の評価が完全に再認識されたかというと、まだ課題も残されています。舒明朝がひとつの画期であったことは間違いありません。当時の蘇我《そが》氏と舒明天皇とは、舒明八年（六三六）頃を境に距離があいたようにみえます。この距離感がどのようなものであったのか。遺跡でみると八角形をした墳墓の創出が舒明天皇の意思であったのか、そして帰国した学問僧の存在など、もう少し検討が必要です。その内容の如何によっては、舒明朝の評価、さらに次の皇極朝の評価へと影響するのです。

（飛鳥遊訪マガジン Vol. 179　二〇一四　一・一〇）

column 4

甘樫丘南端に造られた巨大な古墳

小山田遺跡の調査から

橿原《かしはら》考古学研究所は、明日香《あすか》村と橿原市の境界にほど近い、小山田《こやまだ》遺跡《いせき》の発掘成果について発表しました。ここは現在、奈良県立明日香養護学校のある場所で、今回の調査も校舎建て替えに伴って行われたものです。今回の調査では、石貼の溝が確認され、巨大な古墳の一部と推定されています。

小山田遺跡は甘樫丘《あまかしのおか》から南にのびる尾根《おね》の先端を切断し、地山《じやま》（尾根を削った後の岩盤）を削り出して造られています。この遺跡の西約一〇〇㍍には七世紀中頃の菖蒲池《しょうぶいけ》古墳があり、さらに西には宮ケ原一・二号墳や植山《うえやま》古墳、五条野《ごじょうの》丸山《まるやま》古墳が位置しています。一方、小山田遺跡の南側の谷部では七世紀後半に築道された幅一二㍍の東西道路と幅三㍍の南北道路の交差点を確認した川原《かわはら》下ノ茶屋遺跡があり、さらに南の丘陵上には野口王墓《のぐちおうぼ》（天武《てんむ》・持統《じとう》天皇陵）があります。

これまでに小山田遺跡の調査は四回実施されており、最初の調査は昭和四七年（一九七二）です。この時は、七世

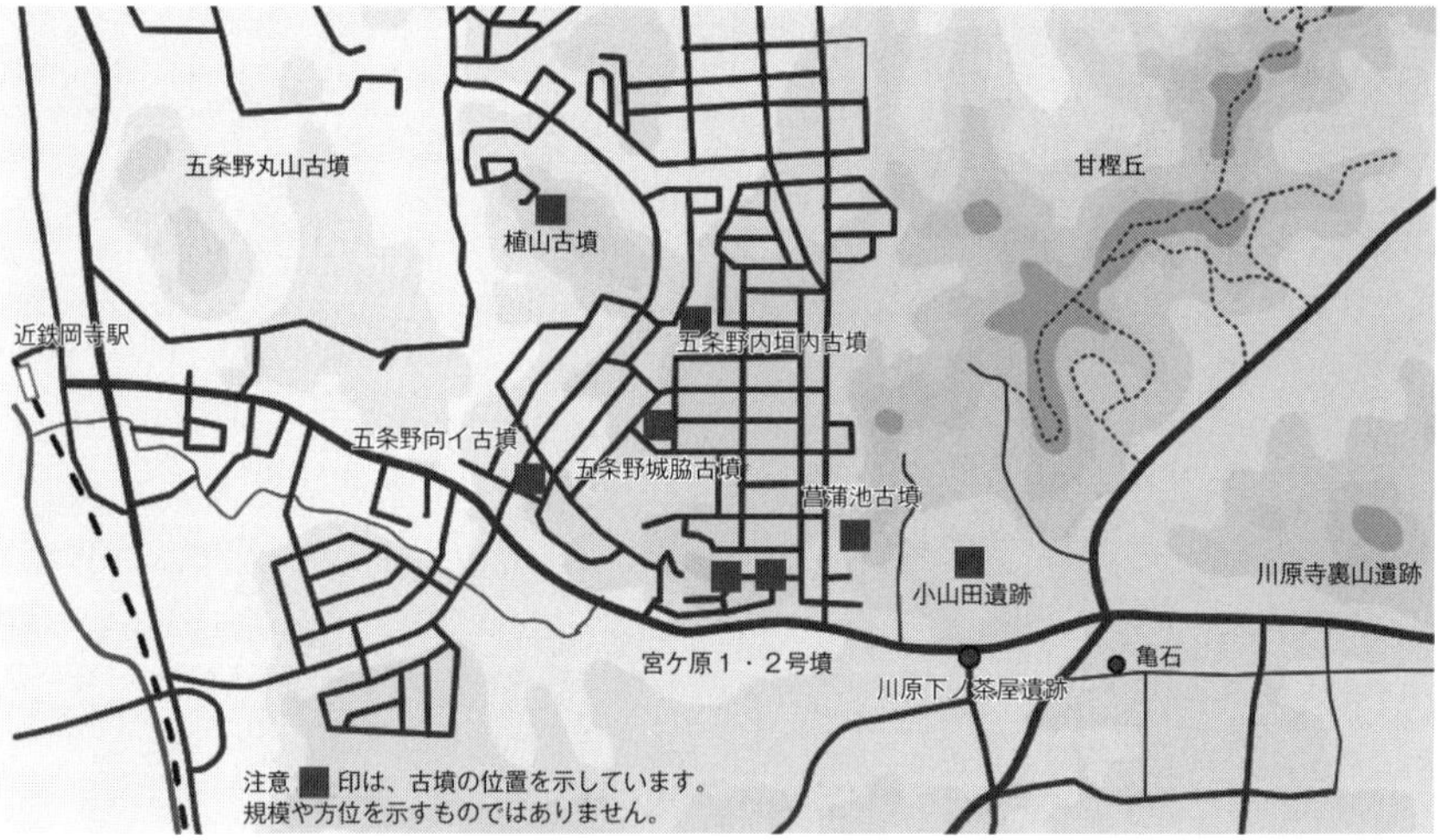

図60　小山田古墳周辺地図

紀末の「旦波国多貴評草上　里漢人佐目」木簡《もっかん》が出土しており、この時期の遺跡が周辺に推定されました。その後は、校舎の増改築に伴って、小規模な調査を実施してきましたが、地山である岩盤や谷の堆積土しか確認できず、遺構はすでに削られているものと考えられています。唯一、平成七年（一九九五）の調査（今回の調査地の南側）で、通称「榛原石《はいばらいし》」と呼ばれる室生安山岩《むろうあんざんがん》板石が出土していました。

今回の調査でも、表土のすぐ下に地山が広がっており、これまでの調査成果と共通していました。しかし、調査区の南半では、東西方向の大規模な溝が見つかりました。上部は削平されていますが、上幅約七メートル、下幅三・九メートルの断面形が逆台形をした溝で、今回は延長約四八メートル分を確認しました。

この溝の北側の斜面には四〇センチ大の石英閃緑岩《せきえいせんりょくがん》を貼り付けていました。上にいくほどやや小さな石材を使用する傾向はありますが、高さ約一メートルまで残っていました。溝の堆積土《たいせきど》にも転石がみられることから、本来は一・五メートル以上あったと考えられています。溝の底にも石を全面に敷き詰めています。ただし、墳丘側にあたる南端では、八〇センチの幅で一〇センチほど高くしたテラスを造っていました。

一方、溝の南側（墳丘側）の斜面は構造が異なり、板石を少しずつずらしながら積み上げています。一番下には、紀ノ川周辺で採石される約五〇センチ四方、厚み一〇センチ程の結晶片岩を二段積み、さらにその上には、室生安山岩（榛原石）を一〇センチずつずらしながら、斜面に積み上げています。残りのよいところで、一〇段まで積まれていますが、大量の榛原石が出土していることから、本来はさらに高くまで積まれていたと考えられています。

この遺跡の時期は、造成土から六世紀後半、溝の堆積土の上層部から七世紀後半の須恵器《すえき》が出土することから、ほぼこの間の時期に限定でき、榛原石が飛鳥で多用される時期を考慮すると、七世紀中頃と推定されています。

今回の調査成果から、遺跡の性格はどのように考えられるのでしょうか。先にも記したように、小山田遺跡は尾根の先端を削り、平坦面を作り出しています。そして尾根を区切るように大溝を掘削しています。この溝の南側には、昭和三〇年代の地形図をみると、約八〇メートルほどの方形の地形になっていたことがわかります。この地形を造成した時期が飛鳥時代で、すぐ南の川原下ノ茶屋遺跡の道路交差点から北へのびる道路が小山田遺跡への進入路であると考え、この八〇メートルの地形に、邸宅あるいは役所があると私は推定していました。

しかし、今回の溝の規模や貼石の状況をみると、飛鳥時代の宮殿や役所・邸宅には例のないもので、この溝が宮殿や邸宅に伴う可能性は低いとみられます。ちなみに古墳時代の豪族居館であれば、類例もありますが、七世紀代では皆無です。次に考えられるのは古墳の可能性です。実は、貼石はないものの、同じように尾根の先端を削り、区切る溝（堀割《ほりわり》）を掘り、四角い地形を残す遺跡に、明日香村平田にあるカナヅカ古墳があります。ここでは墳丘の中央に、宮内庁の管理する高まりが残されており、そのなかに石室があると推定されていますが、まさに同様の状況を示しています。溝に貼石をする例は少ないですが、石舞台《いしぶたい》古墳とも共通する仕様です。このことから、今回の溝は、古墳の北側を画する堀割であり、小山田遺跡は一辺八〇メートルちかい巨大な方墳あるいは方形壇をもつ七世紀中頃の古墳である可能性がきわめて高いといえるのです。さらに古墳の南側は立地や地形を考えると、エプロンのような数段のテラスが広がっていたのでしょう。

図61　小山田古墳の発掘状況

では、この古墳の被葬者は誰が考えられるのでしょうか？　橿原考古学研究所の見解では、舒明《じょめい》天皇の初葬墓《しょそうぼ》「滑谷岡《なめはざまのおか》」である可能性を第一に指摘しています。その根拠は、古墳の規模が石舞台古墳を超える、一辺八〇メートル近くに及ぶこと。ちなみに、用明《ようめい》陵・推古《すいこ》陵でも六〇メートル前後の方墳です。日本で最大の方墳は橿原市にある桝山《ますやま》古墳（九六×九〇㍍）ですが、これは古墳時代中期のものです。第二位は千葉県にある竜角寺岩屋《りゅうかくじいわや》古墳（八〇㍍）、あるいは今回の古墳となります。このことから、きわめて大きな権力をもつ人物の古墳であることは明らかです。もうひとつのポイントは墳丘に使われていた榛原石です。今回の古墳のように、墳丘斜面に結晶片岩と榛原石を積み上げるという化粧方法の古墳は、ほとんどありません。唯一、この石材を使用して、同様の化粧方法をするのが、桜井市忍阪《おっさか》にある段ノ塚古墳、つまり舒明天皇押坂陵です。段ノ塚古墳は八角形墳で、その南斜面には、数段のテラスがあります。この榛原石の利用方法が今回の古墳と酷似するのです。『日本書紀』によると、舒明天皇は舒明一三年（六四一）一〇月一八日に崩御した後、百済宮の北で大殯を行い、皇極元年（六四二）一二月二一日に「滑谷岡」に埋葬しました。しかし、その九ヵ月後の同二年九月六日に押坂陵に改葬しています。その理由はよくわかっていませんが、用明天皇・推古天皇・舒明天皇は改葬記事が残されており、斉明天皇も改葬の可能性があります。飛鳥時代前半のこの頃、比較的多くの改葬記事がみられます。これらのことから、今回の古墳を、舒明天皇の初葬墓であるとして、この地を「滑谷岡」としたのです。このように考えると、蘇我《そが》氏の支配下にある甘樫丘の一角に、舒明天皇陵（初葬墓）を造ることは、当時、舒明天皇の権力の大きさや蘇我氏との力関係を再検討する成果とみています。

　しかし、本当に小山田遺跡は舒明天皇の初葬墓なのでしょうか？　ここでいくつかの疑問があげられます。天皇の初葬墓として、これだけの規模の古墳を造りながら、な

図62　墳丘斜面に積み上げられた結晶片岩と榛原石

ぜ九ヵ月で改葬しなければならなかったのか？　なぜ飛鳥から忍阪に移されたのか？　堀割は七世紀後半には埋まっていた、あるいは埋められていたようだが、植山古墳と比較しても、改葬後の天皇初葬墓の扱いは、これでよいのか？　この古墳は二次利用していると私は考えていますが、初葬墓の跡地を別の用途として二次利用するのか？　舒明天皇の後半は、香具山《かぐやま》北方の百済大宮《くだらのおおみや》・百済大寺《おおでら》造営に表われるように、蘇我氏と距離を置くようになったようだが、甘樫丘の一角に舒明初葬墓を造るのか？　など、疑問点は多い、むしろ蘇我氏に関わる古墳の可能性の方が高いと考えます。

　皇極元年、『日本書紀』によると蘇我蝦夷《えみし》・入鹿《いるか》は生前に「雙墓《ならびばか》」を造ったと記されています。蝦夷の墓を「大《おお》陵《みささぎ》」、入鹿の墓を「小《こ》陵《みささぎ》」と呼んだといいます。私は、今回の古墳を「大陵」、菖蒲池古墳を「小陵」であった可能性を考えています。小山田遺跡の場所は、甘樫丘の南端で、まさに七世紀中頃には蘇我氏の支配下にあった場所です。そして、その南には、おそらく七世紀前半にも古道が通過しており、飛鳥の宮殿エリアの入口にもあたり、蘇我氏の権力の強さを目に見える形で表したと考えられます。ここから西は、五条野丸山古墳・植山古墳など、蘇我氏ゆかりの奥津城であることも、この点を補強します。さらに、軽《かる》と五条野丸山古墳、嶋家《しまのいえ》と石舞台古墳の関係をみると、蘇我氏は居宅の近くに墳墓を築く傾向があり、そうすれば、甘樫丘に「大陵・小陵」を造ることも頷けます。このことから、小山田遺跡は「大陵」であったと考えます。

　小山田遺跡は七世紀後半には、堀割も埋められており、いつの時代かに石室もなくなっていました。私は、七世紀後半には、堀割を埋め、石室も除去したものと考えています。そして、この地を二次利用したのです。植山古墳では改葬後、石室を丁寧に埋め戻し、周囲に柵を設けて、厳重に管理されていました。このことと、小山田遺跡の堀割が埋められてしまい、二次利用されることとは相反すると考えます。方形地形のなかは、残念ながらすでに削平により、柱穴などは完全に削られて残っていないようですが、「旦波国」木簡の出土から、少なくとも七世紀末頃には、ここに何らかの施設が建てられていたのは間違いないようです。そして、川原下ノ茶屋遺跡の道路交差点は、まさに七世紀後半の小山田遺跡への進入路と考えられるのです。

　このように考えると、なぜ古墳の堀割が早くに埋められてしまったのでしょうか。蘇我蝦夷・入鹿は権力の大きさを象徴するようなみずからの古墳を造営しましたが、乙巳《いっし》の変《へん》によって、蘇我本宗家は滅亡します。『日本書紀』には、墓に葬られることは許されたとあり、古墳に埋葬されたと考えられますが、蝦夷は大陵ではなく、入鹿と同じ小陵に、二人とも入れられたと考えます。菖蒲池古墳には石棺がふたつ安置されていますが、石室規模に比べると、無理に石棺ふたつを入れた様子がうかがわれます。つまり、菖蒲池古墳の二棺埋葬は、当初計画ではなく、非常事態によるための処置と考えられます。そして、菖蒲池古墳の掘割も七世紀後半から末にかけての時期には埋められ、さらに隣接して建物も建てられていました。この状況は小山田遺跡と類似します。

　このような歴史的な背景を考えると、今回の古墳が蘇我蝦夷の「大陵」として造営されたものの、埋葬はされず、墳丘も削平して、七世紀後半以降には、邸宅あるいは役所として利用されたと考えられます。

　しかし、雙墓の「大陵・小陵」と考えても、課題はあります。それは、今回の古墳と菖蒲池古墳とでは、規模と構造が異なることです。規模については今回の小山田遺跡が一辺八〇メートルクラス、菖蒲池古墳は一辺約三〇メートルの二段築成の方墳で、大小というには差が大きすぎることです。ただし、今回の古墳は一辺八〇メートル程度（五〇メートル以上は確実）と想定されていますが、カナヅカ古墳の場合、五〇メートルの方形壇の上に三五メートルの墳丘が載ることを考えると、小山田遺跡の古墳も五〇メートル程度の墳丘とも考えられます。そうすれば、規模の違いは小さくなり、大陵　小陵でも問題はなくなります。一方、構造については、石室の比較はできないので、墳丘を比べると、菖蒲池古墳には貼石《はりいし》はされておらず、墳丘構造は異なります。また、今回榛原石を利用した墳丘化粧についても、その理由など、今後の課題となります。

　いずれにしても、今回の調査では、これまで知られていなかった巨大な遺跡が、飛鳥の中心部ちかくで確認され、それは飛鳥の歴史や、日本国形成過程を考えるにあたっても、重要な遺跡であることは間違いありません。その性格や意義づけは、さまざま考えられますが、今後の周辺での調査が期待されます。

（飛鳥遊訪マガジンVol.207　二〇一五・一・二三）

【参考文献】　奈良県立橿原考古学研究所編『奈良県遺跡調査概報二〇一四年度』（二〇一六）

【補註】　その後の調査で、七世紀中頃に造られた一辺八〇メートル程度の古墳であることが判明している。

III 皇極朝の王宮と政変

皇極天皇の時代

舒明天皇《じょめいてんのう》は、舒明一三年（六四一）一〇月に崩御《ほうぎょ》しました。そして翌年一月には、皇后であった宝皇女《たからのひめみこ》が即位し、皇極《こうぎょく》天皇となりました。皇極天皇は、敏達《びだつ》天皇の曽孫で、押坂彦人大兄皇子《おしさかのひこひとおおえのみこ》の孫、茅渟王《ちぬのおおきみ》と吉備姫王《きびのひめのおおきみ》の娘です。この時期は、国内外において、激動の時代でした。蘇我《そが》氏の力が強大となり、上宮王家《じょうぐうおうけ》が滅ぼされ、その力は天皇をも凌《しの》ぐ勢いとなったのです。そこに現われたのが、中大兄皇子《なかのおおえのおうじ》と中臣鎌足《なかとみのかまたり》でした。そして、大化改新《たいかのかいしん》のきっかけともなった乙巳《いっし》の変《へん》が起こったのです。この時期の遺跡はあまり多くありませんが、ここで紹介する遺跡は、まさに皇極朝の歴史と意義を語りかけているのです。しかし、これまで皇極朝についてはあまり大きな評価はみられませんでした。それは乙巳の変という歴史的な事件と斉明朝の開発とに対比されたからでしょう。本章では、皇極朝の王宮と蘇我氏の動向を中心に、皇極天皇の時代についてみていきたいと思います。

皇極天皇の王宮

皇極天皇は舒明一四年（六四二）一月一五日に即位します。この即位した時点での宮は明らかではありません。

当時は天皇と皇后は別の居住地でした。舒明天皇は百済大宮《くだらのおおみや》に居を構えていましたが、皇后である宝皇女の宮は不明です。天皇に即位してからも百済大宮に居を構えたとは考えられず、飛鳥板蓋宮《いたぶきのみや》の完成もまだ先です。九月には百済大寺《おおでら》の造営を継続するために近江《おうみ》国と越《こし》国の人夫を動員するように命じており、王宮である飛鳥板蓋宮の造営にあたっては、遠江《とおとうみ》から安芸《あき》までの国の人夫の動員を指示しています。年末の一二月二一日には、舒明天皇を滑谷岡《なめはざまのおか》に葬り、その日に小墾田宮《おはりだのみや》に遷ります。小墾田宮の位置については、飛鳥寺に北接する場所と考えていますが、天皇の葬儀が終わったことをうけて、小墾田宮に遷ったのでしょう。その意味で、小墾田宮の存在意味が重要となります。そして、皇極二年（六四三）四月には小墾田宮から、新造された飛鳥板蓋宮に遷ります。

図63　女　淵

皇極朝の内政

『日本書紀』には、皇極朝の政治・政策についてほとんど記されていません。皇極朝がわずか四年しかなかったこともありますが、多くが蘇我氏の暴権と乙巳の変へ至る経緯について記されているからです。皇極天皇の性格をうかがわせるエピソードに雨乞いがあります。南渕《みなぶち》の川上で、四方を拝して天を仰いで祈ると、大雨が降ったということがあります。このことは、天皇の徳を示すとともに、シャーマニズム的な性格を表しています。

蘇我蝦夷は舒明朝同様に大臣に就任しています。しかし、皇極朝からは実質上、子供の入鹿が実権を握っていました。そして蘇我氏は、上宮王家を滅ぼします。山背大兄皇子（上宮王家）は、舒明即位にあたって田村皇子《たむらのみこ》と対立しており、蘇我本宗家にとっては、当時もっとも大きな反対勢力でした。この上宮王家を倒すことにより、蘇我本宗家の権力を押さえるものはなくなったといえます。そして、この勢力に反旗を翻したのが、中大兄皇子・中臣鎌足で、乙巳の変を迎えるのです。

皇極朝の外交

皇極朝には、国内だけでなく、朝鮮半島でも百済《くだら》と高句麗《こうくり》で政変がありました。とくに六四二年という年は重要です。六一八年の唐《とう》の成立以来、しばらく小康状態を保っていた朝鮮半島情勢の画期となった年で、その後の新羅による半島統一に繋がるのです。百済では、義慈王《ぎじおう》（扶余《ふよ》義慈）が武王の崩御後の六四一年に即位しました。そして、百済が新羅に対し侵攻をくりひろげ、旧加耶《かや》地域の領土を奪還しました。さらに高句麗と結託して、かつての首都漢城の故地の奪還をめざし、侵攻を開始しています。一方の高句麗でも六四一年に栄留王《えいりゅうおう》の弟（弟王子）が亡くなり、栄留王も淵蓋蘇文《えんがいそぶん》により暗殺されました。そして、六四二年に宝蔵王《ほうぞうおう》が即位しました。いずれも百済・高句麗の最後の王となりました。このように六四二年頃を契機として、百済・高句麗は国政や軍事の強化をはかり、時には百済と高句麗は結託して、新羅侵攻を企てたのです。このため、六四三年に新羅は遣唐使《けんとうし》を派遣し、百済・高句麗の攻撃を訴え、救援を求めました。結果的に、これが唐の半島への介入を招くことになり、後の統一新羅へと着地するのです。

このように朝鮮半島では、この時期に政変が相ついでいました。この情報は、『日本書紀』にも断片的に記されており、わが国にももたらされていたのです。皇極朝はこのような激動の国際情勢の中で、国内政治も無関係ではいられず、わが国の立ち位置を決める決断の時でもあったのです。そして、乙巳の変が起きたのです。

（飛鳥遊訪マガジンVol.182　二〇一四　二・二一）

飛鳥板蓋宮の実像

舒明天皇《じょめいてんのう》は、飛鳥岡本宮《あすかおかもとのみや》を王宮としていました。この王宮は、「飛鳥」に営まれた最初の王宮で、その後、飛鳥時代の歴代天皇はここに王宮を継続的に造ります。皇極《こうぎょく》天皇もここに飛鳥板蓋宮《いたぶきのみや》を造営しました。

飛鳥板蓋宮の造営まで

皇極天皇は皇極元年（六四二）一月一五日に即位します。当時、天皇と皇后は別の宮に居住しているのが通例です。そのため、皇后であった宝皇女《たからのひめみこ》時代の宮はよくわかりません。舒明の百済大宮《くだらおおみや》には同居していなかったと考えられます。当然、皇極天皇として即位してからも、先代天皇宮である百済大宮には住んでいません。皇極元年一二月二一日には、小墾田宮《おはりだのみや》に遷ります。この日は、舒明天皇を滑谷岡《なめはざまのおか》に埋葬した日であり、小墾田宮の遷宮は、夫の葬儀に一段落がついたことを契機にしたと考えられます。その後、飛鳥板蓋宮への遷宮は翌年の四月ですから、小墾田宮は皇極天皇の正宮として造営されたものではありません。しかし、ここで小墾田宮に一時的に遷っていたことは、小墾田宮の重要性を暗示しています。この小墾田宮は、石神遺跡の東隣接地であったと考えています。

飛鳥板蓋宮の造営

『日本書紀』によると、飛鳥板蓋宮の造営開始は皇極元年九月一九日です。この半月前には、百済大寺《おおでら》の造営を指示しています。百済大寺は、桜井市吉備《きび》にある吉備池廃寺であることが確実視されており、香具山《かぐやま》北方の寺院造営は継続し、宮は飛鳥の地に造営することになります。その造営体制は、遠江《とおとうみ》から安芸《あき》までの国の人夫を大規模に動員しています。実際に完成して、遷ったのは皇極二年四月二八日ですから、造営期間は七ヵ月になります。

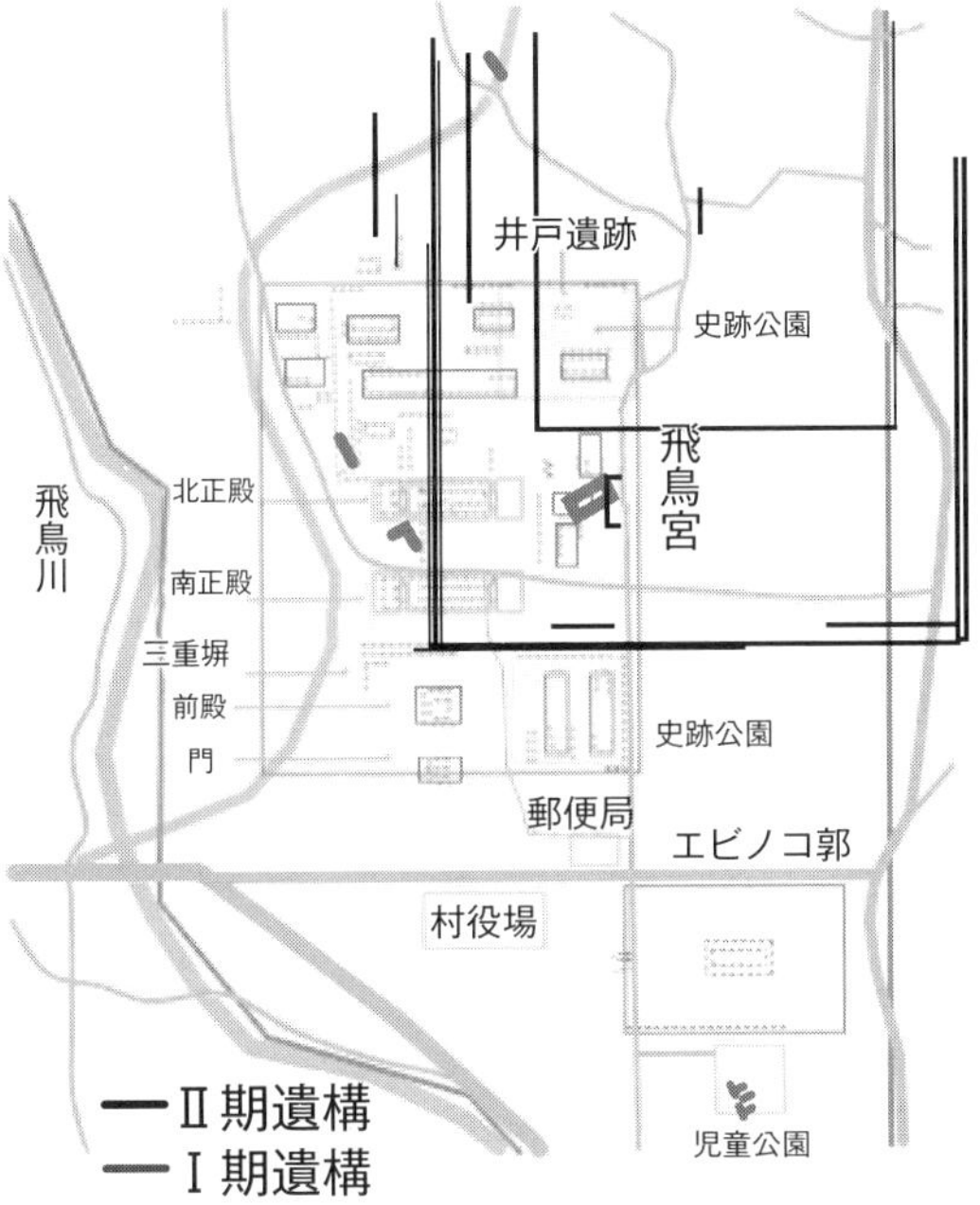

図64　飛鳥宮跡Ⅰ・Ⅱ期遺構図

造営体制と期間から考えて、大規模な王宮であったことが考えられますが、飛鳥の中心に王宮を造ったことは、蘇我本宗《そがほんそう》家《け》の影響力が大きいと思われます。

飛鳥宮跡Ⅱ期遺構

飛鳥板蓋宮は、これまでの調査・研究の成果によると、飛鳥宮跡Ⅱ期遺構と推定されています。Ⅲ期遺構の内郭《ないかく》と重なるものの、その中心は少し北東にずれているようです。これまでの調査で、断片的ながら正方位の塀や溝が見つかっており、復原すると東西約一九〇メートル、南北一九八メートル以上の区画になります。この区画のなかには建物はまだ確認されておらず、詳細については、今後の調査を待つことになりますが、藤原宮などのように、内裏の南に朝堂院を配置する構造ではなく、飛鳥宮Ⅲ—A期のように内郭とそれを囲む外郭によって構成されていることが推定されます。従来、飛鳥岡本宮とされる飛鳥宮跡Ⅰ期遺構が、地形に即して斜方位にすることと比べると、その造営の理念や規模がうかがい知れます。ただし、岡本宮については、現在確認されている飛鳥宮Ⅰ期の斜方位の遺構が、本当に王宮中心部の遺構かという点については私は疑問をもっています。

いずれにしても、飛鳥板蓋宮はかなり大規模な王宮であり正方位に造営されていたことは想像でき、発掘調査でもこれを裏付けています。しかし、飛鳥宮跡Ⅱ期の重要性はそれだけではなく、飛鳥岡本宮と同じ場所に王宮を造ったことにあります。それまで、天皇は代々王宮の位置を変えてきました。それが「飛鳥」と呼ばれる地に、継続して建てられるようになったのです。すでに指摘していたように、自然地形や飛鳥寺によって、王宮建設予定地として確保されていました。そして、飛鳥岡本宮や飛鳥板蓋宮、さらに後飛鳥岡本宮・飛鳥浄御《きよみ》原宮《はらのみや》へと続くのです。このことは、継続的な王宮への一歩でもありました。

（飛鳥遊訪マガジン Vol.185　二〇一四・四・四）

上宮王家の宮と寺

推古《すいこ》元年（五九三）に聖徳太子《しょうとくたいし》、つまり厩戸皇子《うまやとのみこ》は摂政《せっしょう》となり、蘇我馬子《そがのうまこ》とともに、さまざまな政策を行ってきました。この厩戸皇子は幼少の頃、磐余《いわれ》の地域に居を構えていました。その宮殿名は「上宮《かみつみや》」といいます。このことから、厩戸皇子一族が上宮王家《じょうぐうおうけ》と呼ばれることになります。本章では、厩戸皇子をはじめ上宮王家の宮と寺についてみていきたいと思います。

上　宮

用明《ようめい》元年（五八六）正月に「是の皇子、初め上宮《うえのみや》に居しき。後に斑鳩《いかるが》に移りたまふ」、推古元年（五九三）四月に「父の天皇、愛みたまひて、宮の南の上殿に居らしめたまふ。故、其の名を称えて、上宮厩戸豊聰耳《かみつみやのうまやどのとよみみの》太子《たいし》と謂す」と『日本書紀』に記されています。この用明天皇の宮は、磐余池辺雙槻宮《なみつきのみや》であり、その南に上宮があることがわかります。磐余の位置はすでみたように、磐余山（安倍山《あべやま》）を中心とした地域にあったと考えています。

ここで上宮の有力な候補地としてあがるのが桜井市の上宮遺跡《うえのみやいせき》です。この上宮遺跡は寺川《てらかわ》の西側にあたり、磐余山の南部に位置しています。これはまさに用明天皇の磐余池辺雙槻宮の南にあったとされる厩戸皇子の上宮の位置に重なります。この上宮遺跡では五時期の変遷がありますが、このうち六世紀後半から七世紀初頭の時期には、四面廂《しめんひさし》の正殿《せいでん》とこれを囲む塀、そして石敷遺構《いしじきいこう》や園池《えんち》遺構があります。まさに、皇子の宮としてふさわしいものです。この宮で、厩戸皇子は推古一三年まで、過ごすことになりました。

斑鳩宮

厩戸皇子は、推古九年（六〇一）二月に斑鳩宮の造営に着手し、斑鳩に遷るのは、推古一三年一〇月です。実に四年以上の年月を要しています。これは宮だけを造営するには長すぎる期間なので、斑鳩宮と斑鳩寺、さらに斑鳩の都市計画まであったのではないかとも考えられています。斑鳩宮は厩戸皇子が推古三〇年に亡くなった後は、山背大兄王に伝領されたと考えられます。そして、皇極二年（六四三）、蘇我入鹿によって上宮王家が滅ぼされた時に、灰燼《はいじん》に帰したとされます。

『法隆寺東院縁起』によると、東院は斑鳩宮の跡地に建てられたとされています。このことを示すように、東院地区の下層では、掘立柱建物や石敷、さらに焼けた壁土や瓦が見つかっています。ここで見つかった建物群は、小規模な建物で構成されるA期、整然と配置された大型建物群のB期があります。さらにこれを区画する溝も確認されており、その敷地は最低でも二町四方の大きさがあったと推定されます。この東院下層で見つかった建物群は、敷地の南東隅に位置することになります。

斑鳩寺

創建時の斑鳩寺は、若草伽藍《わかくさがらん》と呼ばれており、法隆寺西院《さいいん》伽藍の南東にあたります。ここでは、北から西に約二〇度振れる方位をもつ伽藍があり、南に塔、北に金堂《こんどう》が並ぶ配置がわかっています。これまでの調査・研究に

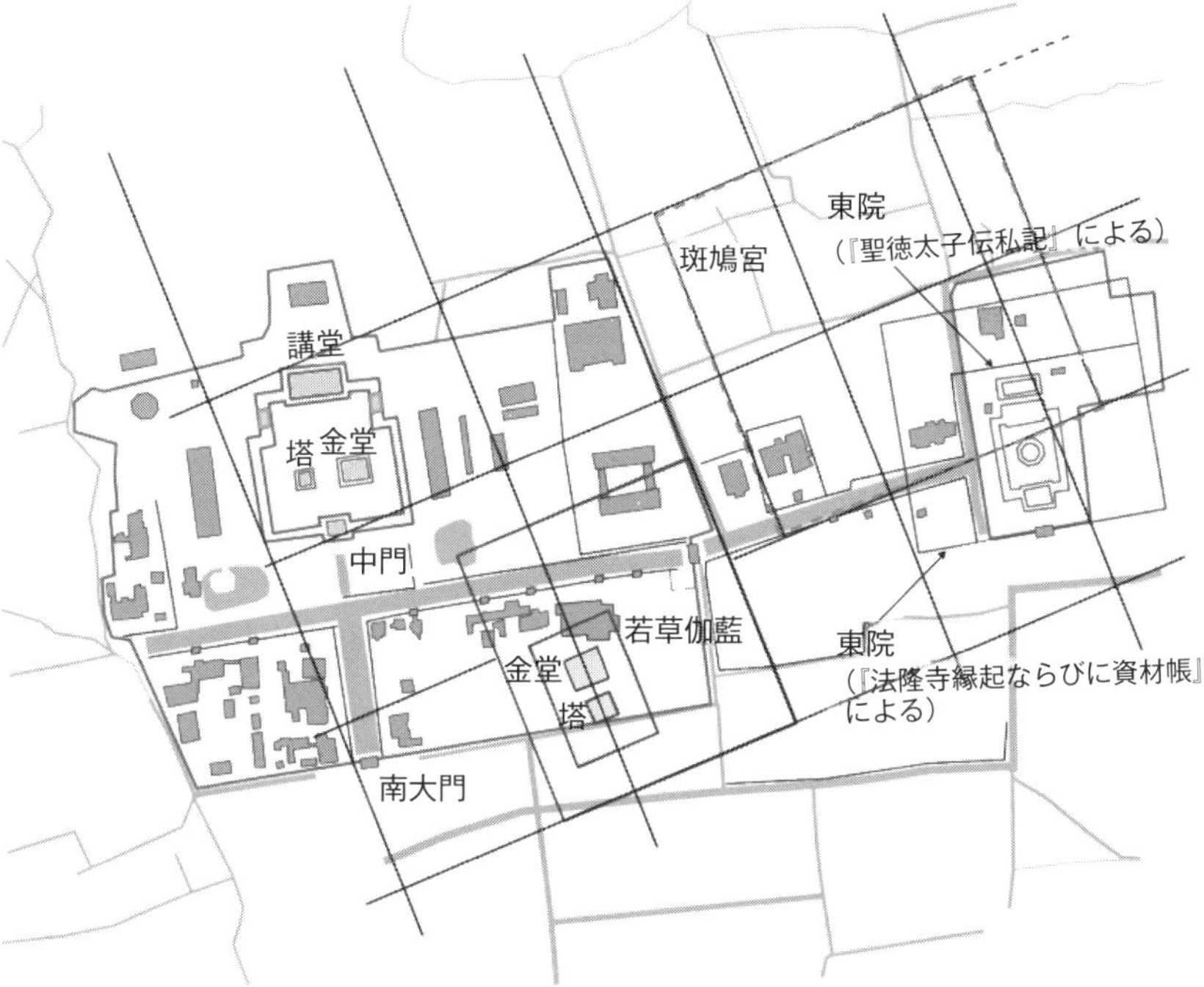

図 65　斑鳩宮・法隆寺伽藍配置図

図 66　法　隆　寺

図67　厩戸皇子誕生の地と伝えられる橘寺

よって、若草伽藍の金堂は推古一五年（六〇七）～一八年には完成していたと考えられています。その南に塔が建てられるのは、六二〇年代の厩戸皇子が亡くなってからでした。おそらく山《やま》背大兄王《しろのおおえのおう》が造営を引き継いだのでしょう。皇極二年（六四三）には上宮王家は蘇我《そが》本宗家《ほんそうけ》によって滅ぼされますが、若草伽藍は存続していました。しかし、『日本書紀』には天智九年（六七〇）に「災法隆寺、一屋無餘」という記事があり、若草伽藍は焼失しました。発掘調査でも火災の痕跡がみられます。

　この斑鳩寺が再建されたのが、法隆寺西院伽藍です。若草伽藍の北西に建て替えられました。東に金堂、西に塔を配置し、中門から連結した回廊が取り囲む伽藍をもちます。西院伽藍の金堂の建築が始まるのは六七〇年代で、若草伽藍の焼失直後から建築が始まり、天武九年（六八〇）には完成していたと考えられます。塔の建築もほどなくして開始されましたが、完成は七〇〇年代までくだります。そして、六九〇年代~七〇〇年代に中門《ちゆうもん》・回廊《かいろう》が造られ、和銅四年(七一一)に仁王像の設置をもって、一応の完成を迎えました。

厩戸皇子と飛鳥

このように上宮王家の宮は磐余から斑鳩へと遷り、その斑鳩では宮とセットをなす寺院の建立もされていたことがわかります。しかし、厩戸皇子は飛鳥で数々の政策を行ってきましたが、史料上は飛鳥に宮を構えたとは記されていません。厩戸皇子が斑鳩に拠点を造った理由は、交通の要所ということもありますが、やはり蘇我本宗家との確執が生じたのが大きな理由のひとつであったのでしょう。

では、厩戸皇子の飛鳥での拠点は本当になかったのでしょうか。唯一可能性が考えられるのは、橘寺の場所です。ここでは寺造営以前の掘立柱建物の一部が確認されていることと、橘寺が厩戸皇子誕生の地としての伝承があることから、皇子と関係深い地であることがわかります。このような厩戸皇子の飛鳥での拠点の可能性も、今後は模索する必要があるでしょう。

(飛鳥遊訪マガジンVol.191 二〇一四・六・二七)

斑鳩諸宮・斑鳩諸寺

斑鳩《いかるが》には上宮王家《じょうぐうおうけ》の斑鳩宮を含めて、史料上四ヵ所の宮があったとされています。また、斑鳩の寺院も、宮の跡地に建てられたものも含めて、四寺院があります。本章では、これらの宮と寺院を紹介したいと思います。

斑鳩諸宮

斑鳩には前章も紹介した厩戸皇子《うまやとのみこ》・山背大兄王《やましろのおおえのおう》の斑鳩宮があります。それは現在の法隆寺《ほうりゅうじ》東院下層で見つかった建物群です。ここが斑鳩宮の南東隅と考えられている所です。

『日本書紀』によると、厩戸皇子は斑鳩宮で亡くなったと記されていますが、『大安寺伽藍縁起《だいあんじがらんえんぎ》并《ならびに》流記資財《るきしざい》帳《ちょう》』には、田村皇子《たむらのみこ》が厩戸皇子の病気見舞いに飽波葦墻宮《あくなみあしがきのみや》に行った記事や、『聖徳太子伝私記《しょうとくたいしでんしき》』には飽波葦墻宮で亡くなったことが記されています。この宮は厩戸皇子の妃で、膳臣傾子《かしわでのおみかたぶこ》の娘である菩岐々美郎女《ほききみいらつめ》の宮でもあったとされており、その子である長谷王《はつせのおおきみ》がここを伝領したとも考えられています。現在、その場所は成福《じょうふく》寺《じ》周辺の上宮《かみや》遺跡とよばれ、公園整備に伴って、奈良時代の建物群が見つかっています。この建物群は称徳《しょうとく》天皇が利用した行宮《あんぐう》である飽波宮ではないかとされました。この時の調査では飛鳥時代の建物は確認されていない

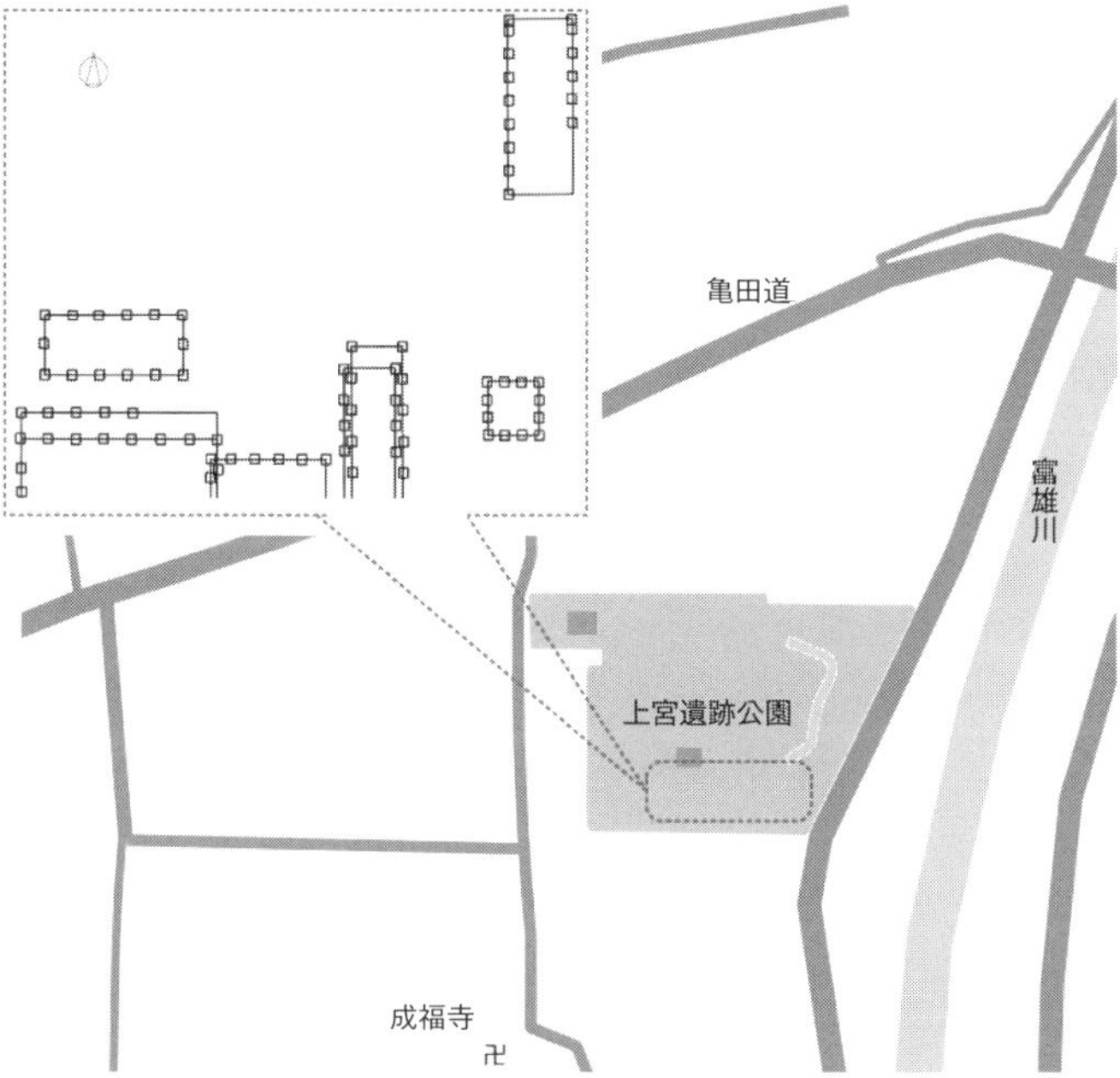

図 68　上宮遺構配置図

図 69　中宮寺跡塔心礎

ものの、七世紀前半の土器が比較的多く見つかっていました。その後、成福寺の西側の調査で、七世紀前半の井戸が見つかり、やはり飽波葦墻宮はこのあたりに推定できるようになっています。

岡本宮は、『日本書紀』による推古《すいこ》一四年（六〇六）に厩戸皇子が法華経《ほけきょう》を講じた宮と記されています。一説には、これは飛鳥にある岡本宮ではないかという説もありますが、『日本霊異記《にほんりょういき》』には、岡本尼寺が厩戸皇子の宮を改めたものとされています。「法起寺塔露盤銘《ほっきじとうろばんめい》」によると厩戸皇子が亡くなるときに、山背大兄王に岡本宮を寺にするように遺言したと記されています。山背大兄王の母は蘇我馬子《そがのうまこ》の娘である刀自古郎女であることから、岡本宮は刀自古郎女《とじこのいらつめ》の宮であったと考えられています。そして、その場所は、斑鳩町岡本にある法起寺の場所です。法起寺の下層からは北で西へ約二〇度振れる溝や建物・井戸がみつかっており、法起寺創建以前の六二〇〜三〇年代の瓦もあることから、岡本宮には小規模な仏殿があったとも推定されています。

中宮《なかみや》は、中宮寺《ちゅうぐうじ》跡の下層に推定されています。現在の中宮寺から東五〇〇メートルの地が創建当初の中宮寺跡です。ここは厩戸皇子の母である穴穂部間人皇女《あなほべのはしひとのひめみこ》の宮を寺としたと『聖徳太子伝暦《でんりゃく》』に記されています。この名称は、中宮＝皇后から付けられたと考えられます。または、中宮が斑鳩宮と飽波葦墻宮と岡本宮の中央に位置することから、名付けられたとも考えられます。この中宮寺跡の下層で、掘立柱建物《ほったてばしらたてもの》や塀《へい》がいくつか確認されていますが、これが中宮に関わる遺跡なのかもしれません。

斑鳩諸寺

斑鳩寺は斑鳩宮の西に接して、塔・金堂《こんどう》と南北に並ぶ伽藍《がらん》です。斑鳩宮と対置するのは興味深い点で、いずれもほぼ同じ振れをもつことから、同一設計のもとで計画されたと考えられます。しかし、この伽藍も天智九年（六七〇）に焼失し、現在の法隆寺西院伽藍として再建されました。そして、斑鳩宮跡地に奈良時代になって東院

図70　法　起　寺

図71　法　輪　寺

が創建されましたが、後に法隆寺に含まれることになります。

中宮寺も、南に塔、北に金堂を配置する四天王寺《してんのうじ》式の伽藍配置です。ただし、回廊《かいろう》は確認されず、なかったと考えられます。金堂は、当初は凝灰岩《ぎょうかいがん》の基壇《きだん》であったものを、瓦積《かわらつみ》基壇に改修されたと考えられています。塔には巨大な心礎《しんそ》が埋め込まれており、金環《かなわ》やガラス玉などが見つかっています。これらの伽藍は、出土した瓦からみて、創建時期は六二〇～三〇年代と考えられます。

法起寺は岡本寺や池後寺《いけじりでら》とも呼ばれていました。相輪《そうりん》の下にある覆鉢《ふせばち》と呼ぶ部分には露盤《ろばん》があり、ここに寺の創建理由や造営過程が記されています。現在は、創建時の建物は塔しか残っていませんが、塔の西側には金堂がありました。中門と講堂を回廊によってつなぐ、法起寺式伽藍配置です。金堂は舒明一〇年（六三八）に建てられ、塔は天武一四年（六八五）に造営着手し、慶雲三年（七〇六）に露盤をあげて完成したと考えられます。現在ある塔は創建当初のものです。

法輪寺は三井寺《みいでら》とも呼ばれますが、法隆寺と同じ伽藍配置をしています。その創建にはふたつの説があります。ひとつは推古三〇年（六二二）に厩戸皇子が病気平癒《へいゆ》を願い山背大兄王に造らせたとする説です。もうひとつは斑鳩寺焼失後に、寺地が定まらなかったために法輪寺をつくったとする説です。塔周辺からは七世紀後半の瓦が出土することから、塔はこの頃の建立と考えられます。ただし、基壇土のなかからは七世紀前半の瓦が出土すること、前者の説が創建時期にちかいと考えられ、金堂がまず建てられたのでしょう。

このように斑鳩には上宮王家にかかわる人々の宮や寺院が数多く建てられていました。このような景観は、飛鳥にも匹敵する景観であり、斑鳩は飛鳥と並ぶ重要な地域であったことがわかります。

（飛鳥遊訪マガジンンVol.198　二〇一四・一〇・三）

斑鳩の都市的景観の実態

斑鳩《いかるが》には、四つの宮と四つの寺院があったことがわかっています。これだけ施設が集中すると、都市計画のもとに配置されていてもよさそうで、実際にそのように考える説もあります。その基準となるのは龍田道《たつたみち》と、発掘調査で確認された斑鳩寺若草伽藍《わかくさがらん》と斑鳩宮でした。本章では、斑鳩地域の都市的な景観について考えてみたいと思います。

斑鳩の偏向地割

斑鳩地域の地割をみると、ほぼ正方位の大和国統一条里に混じって、北で西に二〇度振れる地割と、北で西に八度振れる地割が断片的にみられます。前者は斑鳩寺や斑鳩宮とほぼ同じ方位を示しており、七世紀前半のもの。後者は現在の法隆寺《ほうりゅうじ》と同じ方位を示しており、七世紀後半の地割と考えられています。つまり、二〇度西偏→八度西偏→正方位と変化したと推定されています。とくに、二〇度西偏する地割は、龍田道と並行することや遺存地割《いぞんじわり》が多く残されていることから、斑鳩宮・斑鳩寺を中心に、聖徳太子《しょうとくたいし》の都市計画により、方格《ほうかく》の地割があったのではないかという説が有力になっています。そして、この地割こそ、のちの法隆寺の所領の水田区画とされています。

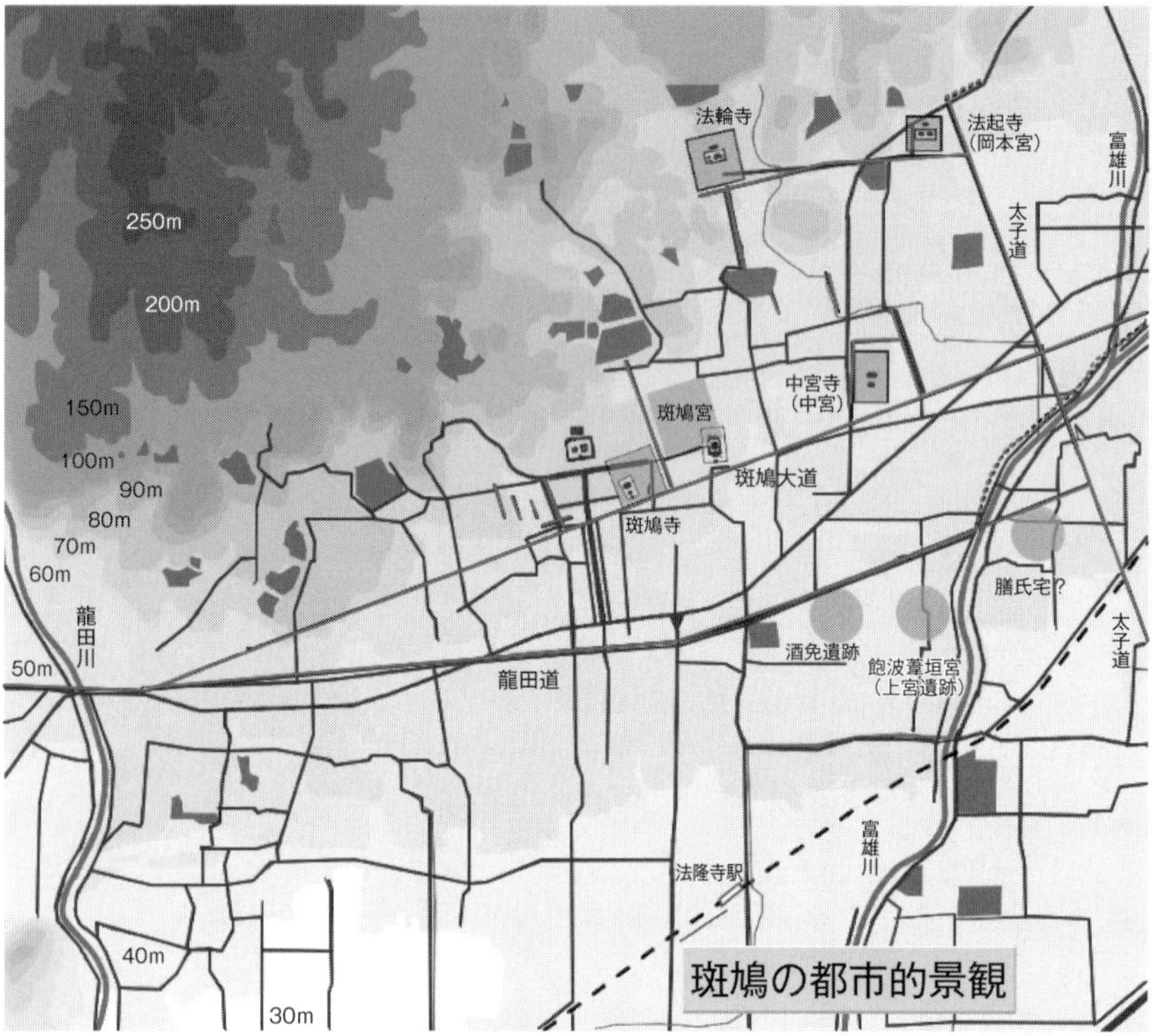

図72　斑鳩周辺地図

このように斑鳩地域には、のちの条坊や条里に繋がるような方格の地割があったと考えられていますが、七世紀前半段階の飛鳥にも確認されていない地割が斑鳩にあったとは考えられません。そこで、この地域の景観についてみていきましょう。

龍田道・太子道と斑鳩大道

龍田道は、大和盆地から斑鳩南方を通過し龍田川を越え、龍田関・亀の瀬へ向かう道です。富雄川《とみおがわ》・大和川・龍田川と矢田丘陵に挟まれた場所が、斑鳩の中心部ですが、龍田道はここを東西に横断する形で通過しています。この区間の龍田道は近世奈良街道として、現在も道が残されており、古代龍田道もほぼ同じ場所を通過していたものと考えられます。この龍田道は、法隆寺

図73　太子道の碑（左）と太子道（右）

南方を境に東半は二〇度西偏、西半は八度西偏と「く」字形に微妙に方位を変えています。富雄川を渡った東側では、太子道と直交していたと考えられますが、北の横大路《よこおおじ》（正東西道路）とは、富雄川右岸あるいは左岸に沿って道路があったのでしょう。一方、西方の龍田川を渡る場所には現在も竜田大橋が架かっています。

太子道《たいしみち》は飛鳥から斑鳩を結ぶ斜行する道路です。現地に残る道路や畦の痕跡から、ほぼ直線で結ばれていますが、ところどころで「く」字形に屈曲します。斑鳩周辺では富雄川の東を北西に通過して、高安集落で富雄川を横断、法起寺あたりまで延びていたのでしょう。北端では矢田丘陵を北東へとめぐる自然道に接続するのかもしれません。

これが斑鳩地域の幹線道路ですが、もうひとつ龍田道の北四町のところに、二〇度西偏する地割があります。これが斑鳩寺や斑鳩宮とほぼ同じ方位を示し、斑鳩寺の南辺にもあたります。この地割痕跡は斑鳩宮から中宮寺跡にかけては明瞭で、さらに西方にも断片的に地割痕跡が読み取れます。この路線の西端は龍田川の手前で、龍田道に接続し、また東方へは太子道と交差して、富雄川を越えると北の横大路に接続することになります。このことから、このルートは龍田道のバイパス的な道と考えられます。特に斑鳩寺・斑鳩宮に面することから、ここでは「斑鳩大道《いかるがだいどう》」と仮に呼んでおきましょう。

遺跡の方位

これまでの研究では、斑鳩地域には二〇度西偏する地割があったとされ、これをもとに方格地割が形成されていたと推定されてきました。しかし、若草伽藍の報告書での再検討では、若草伽藍と法起寺《ほっきじ》下層遺構はほぼ二〇〜二六度の振れに収まりますが、同時期とされる斑鳩宮（東院下層遺構）は一五〜一八度の振れで、約二〜八度の違いがみられます。これは斑鳩寺と斑鳩宮という隣接地で、ほぼ同時期でも微妙に方位が異なることを意味しています。さらに中宮寺下層やその他の遺跡も異なる方位をもつことから、一概にすべてが二〇度の地割で統一されていたとはいえないことになります。

斑鳩の空間構成

これらをもとに、斑鳩地域の空間構成をみてみましょう。七世紀前半には斑鳩大道が基準となっていたと考えられます。これは竜田道東半に並行するものですが、両者の間には遺跡は確認されておらず、地割痕跡も残されていないことから、あまり開発されていなかったと考えられます。そして斑鳩大道の北に接するように、北方からのびる尾根《おね》の微高地に斑鳩宮、隣接する尾根に斑鳩寺を建設したのです。そして、このあたりには方格の地割はなく、斑鳩大道に（ほぼ）直行する区画や道路が断片的にあったのではないかと考えています。また、斑鳩大道も大局的には直線ですが、小さな丘陵や湿地があると、これを迂回していたのでしょう。この様相は、推古《すいこ》朝飛鳥の古山田道とも共通する点です。

しかし、斑鳩宮が焼失し、さらに斑鳩寺も焼失すると、この地域の中核施設がなくなってしまいます。現法隆寺は斑鳩寺の西の丘を削って建立します。斑鳩寺の寺域をも含みこむ広大な敷地をつくるためです。そして、その方位も八度西偏とそれまでとは異なる振れをしています。これは尾根がのびる方向と基本的に合致することから、地形に影響された方位であると共に、龍田道西半の方位ともほぼ合致します。このように法隆寺の地割は西院伽藍を中心とした範囲にとどまり、参道を通して、竜田道に接続していたのでしょう。

これらが現段階での、斑鳩の空間配置の素描《そびょう》ですが、さらなる検討による検証が必要となります。いずれにしても斑鳩地域は、飛鳥と並んで興味深い地域であることは間違いありません。

（飛鳥遊訪マガジンVol.203　二〇一四・一一・一二）

column 5

斉明天皇陵をめぐる謎1

牽牛子塚古墳の調査から

巨石を刳《く》り抜《ぬ》いて二部屋を作り、これを切石《きりいし》で丁寧に取り囲む。そして版築《はんちく》によって築かれた墳丘は八角形に石を貼り、それはまるで石のピラミッドのようでした。明日香村教育委員会が行った発掘調査で、このような姿が蘇ってきたのです。

牽牛子塚古墳《けんごしづかこふん》はこれまで大正元年（一九一二）に調査がされ、大正三年には当時の阪合村《さかあいむら》役場によって保存工事が行われました。この時に出土した七宝飾金具《しちほうかざりかなぐ》や夾紵棺片《きょうちょかんへん》は、現在橿原《かしはら》考古学研究所付属博物館に展示されています。さらに昭和五二年には環境整備に伴って、石槨《せっかく》の前が調査され、コロレールや版築土が確認されています。これらのことから、牽牛子塚古墳は斉明《さいめい》天皇陵の可能性が高いと考えられていました。今回は牽牛子塚古墳の調査成果を紹介するとともに、課題の提示も行いたいと思います。

ちなみに牽牛子塚古墳は「あさがお塚」とも呼ばれています。「牽牛子」とはあさがおの別名であり、その種を乾燥したものは、漢方薬にもなっています。

今回の調査は、この牽牛子塚古墳の形状や構造を解明するために実施しました。その結果、多くの事実が明らかになりました。古墳は尾根の先端を削平し、対辺約二二メートル、高さ四・五メートル以上の三段築成の八角形墳で、さらに外側に二重のバラス敷を施します。ここまでを含めると三二メートル以上の規模になります。

墳丘の裾周りには、八角形に二上山《にじょうさん》産の凝灰岩石敷が並べられています。幅約一メートルで、凝灰岩《ぎょうかいがん》切石を三列に並べています。これは寺院の基壇《きだん》周りにある犬走りのようなものです。墳丘斜面には同じく凝灰岩切石を貼り付けていたと思われ、その抜き取り痕跡が残されていました。転石の中には斜めに削った凝灰岩切石もみられます。傾斜角度七〇度で貼りつけられていたのでしょう。おそらく二・三段目も同様の構造と推定されます。一方、犬走り凝灰岩石敷の外側には花崗岩の列が背面カットに沿って並んでいました。ほとんどの石は抜かれていましたが、抜き取り痕跡が確認できました。これは背面カットの斜面を法面保護と装飾のために施したものと考えられます。バラス敷は二重になっていますが、間に見切り石が並んでおり、これを境に外側は一〇センチほど低くなっています。

石槨はこれまで判っていたように、二上山産の凝灰岩巨石を刳り抜いた横口式石槨《よこぐちしきせっかく》です。内部は中央の間仕切りを境に、東西二部屋を削り出していました。今回の調査ではこの石槨の巨石が、東西約五㍍、南北約三・五㍍、高さ二・五㍍のほぼ方形の塊であることがわかりました。さらにこの周囲に石英安山岩《せきえいあんざんがん》（羽曳野《はびきの》市《し》鉢伏山《はちぶせやま》周辺）の切石が取り囲んでおり、目地には大量の漆喰《しっくい》を詰めています。このように石槨は二重構造をしていることがはじめて確認できたのです。

図74　牽牛子塚古墳全景

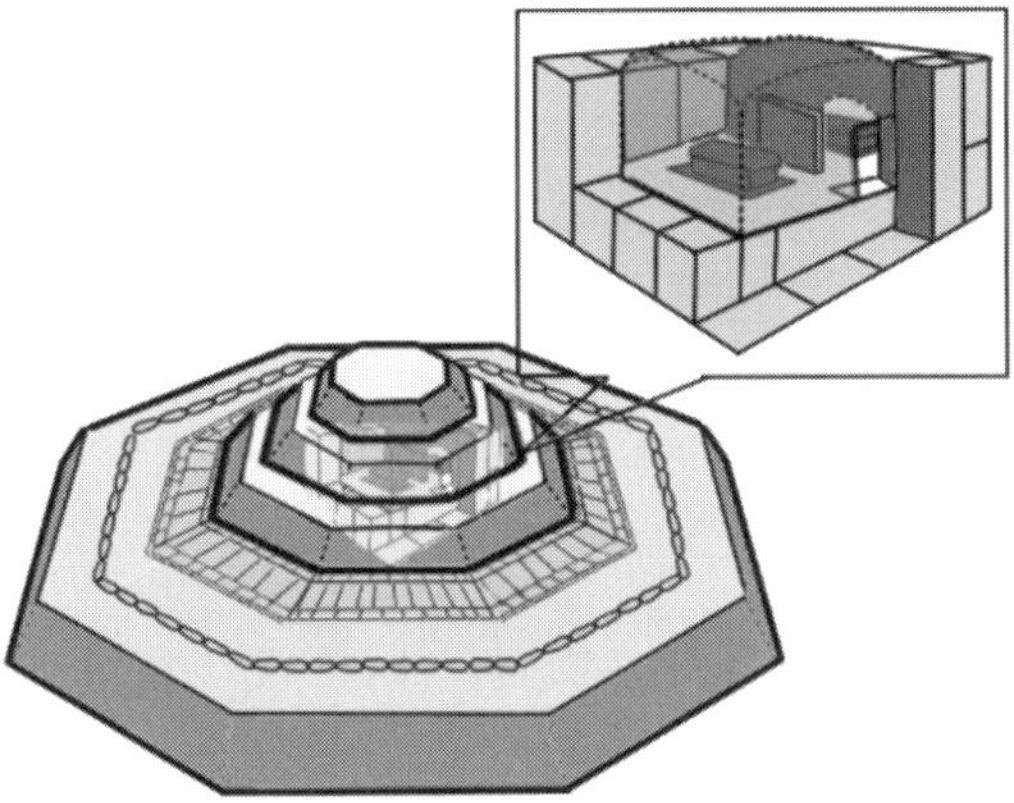

図75　牽牛子塚古墳構造図

これまでの成果から、被葬者《ひそうしゃ》を推定することができます。牽牛子塚古墳は、越智岡《おちのおか》に築かれた八角形の終末期古墳です。七世紀の八角形墳は、舒明《じょめい》天皇陵（段ノ塚古墳）・天智《てんじ》天皇陵（御廟野《ごびょうの》古墳）・天武持統《てんむじとう》天皇陵（野口王墓《おうぼ》古墳）・文武《もんむ》天皇陵（中尾山古墳）・岡宮天皇陵（束明神《つかみょうじん》古墳）というように、ほぼ天皇陵に限られます。また、最初から二人を埋葬することを計画していた合葬墓であることも重要です。そしてそこに埋葬されていた棺は、天武持統陵や聖徳《しょうとく》太子《たいし》墓・藤原鎌足《ふじわらのかまたり》墓でも出土している夾紵棺で、高松塚古墳などで出土する漆塗木棺よりも上等な、最高級の棺を納めています。そして副葬品には七宝金具などの特殊な遺物があります。このような条件を満たす被葬者は、斉明天皇と間人皇女《はしひとのひめみこ》の合葬墓《がっそうぼ》以外考えられません。ここまでは、各研究者が一致する見解です。

ただし、斉明《さいめい》天皇は崩御《ほうぎょ》後、

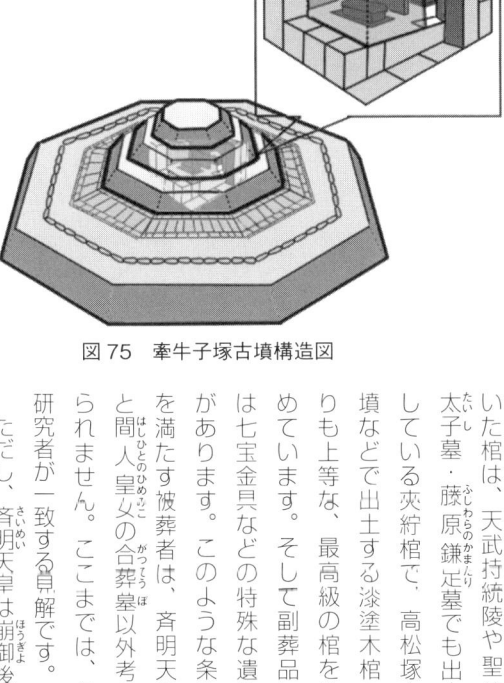

紆余曲折《うよきょくせつ》があります。ここで少し年表の整理をしておきましょう。

斉明四年（六五八）五月
　建王《たけるのみこ》亡くなり、自分と合葬を望む。
斉明七年（六六一）七月二四日
　斉明天皇、朝倉宮《あさくらのみや》で崩御。
同　年（六六一）一一月七〜九日
　飛鳥川原で殯宮《ひんきゅう》を行う。
天智四年（六六五）二月二五日
　間人皇女薨じる。
天智六年（六六七）二月二七日
　斉明天皇・間人皇女を小市岡上陵に合葬する。
　太田皇女を陵の前に埋葬。
文武三年（六九九）一〇月一三・二〇日
　斉明天皇陵・天智天皇陵修造の詔。

このような記事から、斉明天皇は孫の建王が亡くなったとき、自分も建王と同じ墓に埋葬するように群臣たちにいっていました。実際、斉明天皇は斉明七年（六六一）に朝倉宮で崩御しますが、四ヵ月後、飛鳥へと戻り、殯を挙行しています。その後埋葬の記事はありませんが、天智六年（六六七）までには五年以上の期間があることから、いったんは建王と合葬されたものと考えられます。その候補地は、研究者によっていくつかあげられており、岩屋山古墳や小谷古墳、鬼の俎《まないた》雪隠《せっちん》などが候補にあがっていますが、確定していません。天智六年には斉明と娘の間人皇女の合葬の記事がありますが、同日には孫の大田《おおた》皇女も小市岡《おちのおか》上陵《うえのみささぎ》の前に埋葬したとあります。間人皇女が亡くなったのは同四年ですから、六年に合葬されたとすると二年間の空白があきます。よって、この記事は合葬された日ではなく、斉明天皇と間人皇女の合葬は天智四年から六年の間で、六年二月二七日の記事は太田皇女を埋葬したことを記していると考えられます。

　ここまでの経緯は各研究者ほぼ共通の見解です。問題は文武三年（六九九）の記事です。この記事のなかの「修造」という表現がポイントです。これを「造営する」と理解すると、牽牛子塚への改葬・築造をこの時に理解できます。一方、「修理する」と理解すると、すでに牽牛子塚への改葬されていた後に修繕したと考えられます。つまるところ牽牛子塚古墳の築造時期を天智六年頃か文武三年かのどちらに求めるかが課題となりますが、今回の調査ではこの年代を決める土器などは出土していません。また、凝灰岩の

図 76　牽牛子塚古墳のバラス敷

図 77　牽牛子塚古墳の石槨

図 79　石英安山岩の切石

図 78　牽牛子塚古墳の墳丘

刳抜式石槨を七世紀末まで下らせるのは型式編年上難しく、天智六年頃が有力なようにも思えます。

ただし、このほかにも天智六年の記事のなかには検討しなければいけない文言があります。「御路に哀奉る」や「石槨の役を起さしめず」です。この場合の「御路」は天智六年説では牽牛子塚古墳から見える道路となり、下ツ道では難しくなります。一方、文武三年説では牽牛子塚に改葬前の古墳となり、たとえば岩屋山古墳など想定すると下ツ道でも可能となります。また、「石槨の役を起さしめず」とは、墳墓造営のために多くの労働力を使わないということで、牽牛子塚古墳の石槨や墳丘築造に関わった労働量をどの程度と見積もるかによって、この記事との整合性が問われます。

このように、牽牛子塚古墳が斉明天皇と間人皇女の合葬墓の可能性は極めて高いものの、その築造時期などについては、課題も多いといえます。そして、天智六年説をとるならば、その改葬・築造背景に、中大兄皇子が母斉明の改葬をするなど、飛鳥での残務整理を行ったあとに、都を大津へと遷して天智天皇として即位を行ったことになります。一方、文武三年説をとると、文武天皇が斉明・天智両天皇陵を、新しい国家思想にふさわしいものとして造営し、大宝元年（七〇一）の大宝律令を迎える律令国家確立のなかで捉えることができます。斉明天皇陵をめぐる謎は、まだまだ続くのです。

（飛鳥遊訪マガジン Vol.089 二〇一〇・九・一七）

【参考文献】 明日香村教育委員会編『牽牛子塚古墳発掘調査報告書』（二〇一三）

南淵と朝風

中大兄皇子《なかのおおえのおうじ》と中臣鎌足《なかとみのかまたり》は、南淵《みなぶち》にある請安《しょうあん》先生のもとに通いながら、蘇我本宗家《そがほんそうけ》打倒の策を練っていたとされています。南淵請安は僧旻《そうみん》とともに、推古一六年（六〇八）に遣隋使《けんずいし》で隋に渡り、隋帝国の滅亡と、大唐帝国《だいとうていこく》の興隆という大転換点をその身で感じていました。そして、隋唐の政治体系や宗教など、国際性の高い思想を得て、舒明《じょめい》一二年（六四〇）に日本へと帰ってきたのです。残念ながら南淵請安は乙巳《いっし》の変《へん》直前に亡くなりますが、僧旻は難波《なにわ》での新政権の中核となった人物です。

南淵

南淵請安の名前の由来となっている「南淵」は古代の地域名称です。残念ながら、今は南淵という地名は残っていません。現在の「稲渕《いなぶち》」がその遺称地であると考えられています。しかし、古代南淵の範囲は、もう少し広かったと考えられます。『日本書紀』用明二年（五八七）に鞍部多須奈《くらつくりのたすな》が天皇のために出家し丈六仏《じょうろくぶつ》と寺院を建立したと記されています。坂田寺です。同様の記事が推古一四年（六〇六）にもあり、南淵の坂田尼寺《さかたあまでら》とあります。年代はともかく、坂田寺跡が「南淵」にあることがわかります。また、皇極《こうぎょく》元年（六四二）には、天皇が「南淵の河上」で四方を拝んで、雨乞《あまご》いをしたと記されています。その場所は諸説があって確定していませんが、

図 80　南淵山を望む

飛鳥川上坐《あすかのかわかみにいます》宇須多伎《うすたき》比賣命神社《ひめのみことじんじゃ》前にある「宇《う》須瀧《すたき》」や「八幡だぶ」とよばれる地、あるいは、さらに奥の女淵《めぶち》（一〇九頁参照）とも伝えられています。天武五年（六七六）五月には「南淵山・細川山《ほそかわやま》」の伐採を禁止する記事があります。このことから冬野川の南及び北の山が「南淵山」「細川山」と考えられます。

これらのことから「南淵」というのは、かなり広範囲に広がるものと推定され、厳密にその境界は提示できませんが、冬野川《ふゆのがわ》の南で、飛鳥川沿いの右岸地域。そして、南方は栢森あたりまで含むものと推定されます。

朝　風

この地域に南淵請安が居住していたと推定されますが、その場所はまだわかりません。ここで重要なのは「朝風《あさかぜ》」と呼ばれる地域です。平《へい》城京《じょうきょう》長屋王邸《ながやおうてい》で出土した長屋王家木簡に「旦《あさ》風《かぜ》」や「竹野王《たけのおう》」を記すものがいくつかあります。そして竹野王の山寺があったことも記されています。この「旦風」は「あさかぜ」と読み「朝風」のことです。現在でも稲渕と平田の境にある丘陵の峠を「朝風峠（平田峠）」と呼んでいます。つまり「朝風」とは、この丘陵の稲渕側、棚田《たなだ》で有名な地域周辺です。現在は山林と水田が広がる風光明媚な土地となっています。ここに奈良時代には少なくとも竹野王ゆかりの山寺「朝風廃寺」があったことになります。さらに中世まで「朝風千軒」と伝承される集落があったことがわかります。現在の稲渕集落は室町時代頃に突然形成されたもので、朝風から稲渕へと集落が遷ったと考えられます。これらのことから南淵請安の居住地は、朝風にあったとも考えられます。

図 81　朝風峠の石碑

南淵請安の墓

南淵請安先生の墓は、稲渕龍福寺《りゅうふくじ》に隣接する、飛鳥川の蛇行する尾根の先端にあります。ここには談山神社《たんざんじんじゃ》が鎮座しており、明神塚《みょうじんつか》と呼ばれる塚があります。この神社の創建年代は明らかではありませんが、元文元年（一七三六）の『大和志』に記録があることから、この頃までには墓もここにあったことがわかります。ただし、この場所は墓（古墳）を築造するのにふさわしい立地ではありません。特に、時代的にみて南淵請安の墓は、七世紀中頃の終末期古墳と考えられることから、この墓が現在地に移されたのは確実です。稲渕龍福寺にある天平勝宝三年（七五一）の石塔には「竹野王」の銘文が刻まれており、本来は「旦風」の地にあったことが記されています。よって、朝風の地から稲渕へ、室町時代以降に移されたことがわかります。このことからみて南淵請安の墓も朝風にあったと考えられます。そして、朝風の地に小字「セイサン」「アサカゼ」が残されていることは注目されます。いずれにしても、朝風に未発見の終末期古墳が眠っている可能性が高いと考えられます。

いずれにしても、この時代の南淵は乙巳の変直前の歴史の転換点の舞台として現われ、まだ未解明な集落や古墳が、棚田の下に眠っているのです。

（飛鳥遊訪マガジンVol.208　二〇一五・二・六）

図82　南淵請安の墓

図83　竹野王の石塔

蘇我本宗家の邸宅と甘樫丘

蘇我氏《そがし》が最初に居住した邸宅は、現在の曽我町とされています。ここには今も蘇我馬子《うまこ》が創立したという伝承をもつ宗我坐宗我都比古神社《そがにいますそがつひこじんじゃ》が鎮座していますが、いまだ邸宅に関わるような遺跡は見つかっていません。その後、蘇我氏は畝傍山《うねびやま》から飛鳥方面へと勢力範囲を東方に広げていきます。

蘇我稲目の邸宅

稲目《いなめ》に関わる邸宅には、「小墾田の家《おはりだのいえ》」「向原の家《むくはら》」「軽の曲殿《かるのまがりどの》」があります。小墾田の家は『日本書紀』欽明《きんめい》一三年（五五二）の記事に、欽明天皇から拝領した仏像を最初に安置した邸宅です。おそらく小墾田地域、つまり飛鳥寺の北方にあったと考えられます。一方、向原の家は、先の記事に続けて、向原の家を浄めて寺としたとされ、現在の豊浦寺《とゆらでら》ともされています。飛鳥川の左岸の豊浦の地です。

蘇我馬子の邸宅

馬子の時代になると、「石川《いしかわ》の宅」「槻曲《つきくま》の家」「嶋《しま》の家」などが記録に現われます。石川の宅は、敏達《びだつ》一三年

（五八四）に記載され、そこに仏殿を建てたとされます。その推定地は現在の石川町とされ、仏殿を石川精舎《いしかわしょうじゃ》に当てています。槻曲の家は用明二年（五八七）、大伴《おおとも》比羅夫《ひらふ》連《むらじ》が馬子を警護する時に記されています。この推定地には諸説があり、西池尻町軽古にある軽樹坐神社《かるこにいますじんじゃ》付近という説もありますが、あるいは稲目《いなめ》時代の「軽の曲

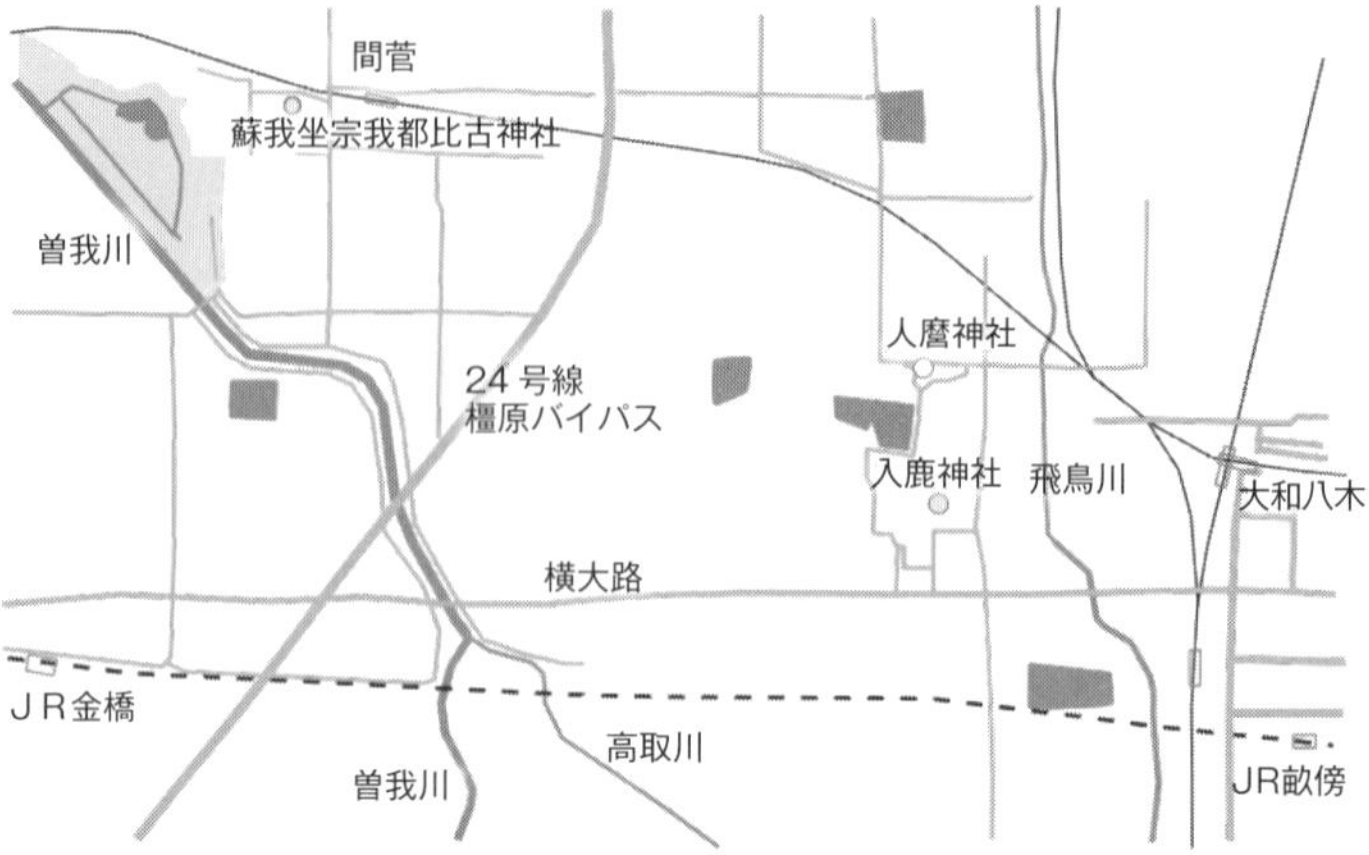

図 84　蘇我宗我都比古神社周辺図

図 85　宗我都比古神社

殿」と同じ場所ともみられています。そうすると、橿原市大軽《おおかる》町から見瀬《みせ》町あたりと考えられています。そして、推古三四年（六二六）の記事に「飛鳥河の傍に家せり。乃ち庭の中に小なる池を開れり。仍りて小なる嶋を池の中に興く。故、時の人、嶋大臣と曰ふ」とあることから、飛鳥側沿いに庭園をもつ邸宅を設けていたことがわかり、石舞台古墳《いしぶたいこふん》ちかくの島庄《しまのしょう》遺跡《いせき》と考えられています。

図86　島庄遺跡

蘇我蝦夷の邸宅

蘇我馬子が「嶋大臣」と呼ばれたのに対して、蘇我蝦夷《えみし》は「蘇我豊浦蝦夷臣《とゆらのえみしのおみ》」「豊浦大臣」と呼ばれていました。このことから蝦夷の邸宅が豊浦にあったことがわかります。豊浦にはすでに稲目の時代に「向原の家」がありました。さらに、この地域には旧来、小墾田宮の有力な推定地であった古宮遺跡があります。奈良時代の小治田宮はその後の調査で飛鳥川の東に広がる雷丘東方遺跡であることが確定しましたが、飛鳥時代の小墾田宮についてはまだ確定していません。私は石神東方遺跡ではないかと考えています。古宮《ふるみや》遺跡の調査では宮殿の中心部は確認できず、七世紀前半の庭園が見つかりました。これは蘇我蝦夷の邸宅に付随する庭園ではないかと考えています。

図87　甘樫丘東麓遺跡の石敷

甘樫丘

蘇我入鹿《いるか》の時代、蝦夷・入鹿は甘樫丘《あまかしのおか》に邸宅を建てました。皇極三年（六四四）には蝦夷の邸宅を「上《うえ》の宮門《みかど》」、入鹿の邸宅を「谷《はざま》の宮門」と呼んだと記されています。この有力な候補地として、甘樫丘東麓《とうろく》遺跡が注目されています。ここでは乙巳《いっし》の変《へん》前後の数時期の遺構が確認されています。特に、焼けた壁土や建築部材の出土は、蝦夷が「天皇記《てんのうき》・国記《こくき》・珍宝《ちんぽう》」を焼いたという記事との関連で注目されました。しかし、残念ながら倉庫や小規模な建物群しかなく、邸宅の中心部ではありませんでした。甘樫丘全体をみると、これまでに発掘調査されているのはごく一部で、甘樫丘全体にさまざまな遺跡があるようです。ここで遺跡の時代や瓦に注目してみると、甘樫丘東麓遺跡と平吉《ひきち》遺跡・豊浦寺・古宮遺跡に同笵《どうはん》・同形の瓦があり、互いに有機的に密接な関係にあることがわかります。つまり、この時代には甘樫丘全体が蘇我本宗家の支配下にあったのです。

では、その中心になる蝦夷・入鹿の邸宅本体はどこにあったのでしょうか。残念ながら発掘調査では、その場所は特定できていません。ただ注目する点は、展望台のある場所から東の飛鳥川に向けての小さな谷に、小字「エベス谷」という地名が残されていることです。現在の展望台は、甘樫丘の眺望点でもあり、当時から一等地でした。まさに蝦夷の邸宅「上の宮門」にふさわしい立地と名称です。

蘇我本宗家の邸宅群

このようにみると、蘇我本宗家の邸宅群は下ツ道と山田道の交差点である「軽のチマタ」付近から山田道沿線上を東へと移ってきたことが読み取れます。これは蘇我系の寺院が山田道沿いにあることとも一致します。そして、馬子の晩年には島庄に、入鹿の時代には甘樫丘全体を支配下に収め、本拠としたのです。

蘇我氏の飛鳥への進出過程が、邸宅の変遷と分布からも伺うことができるのです。甘樫丘に邸宅を構えたことは、蘇我氏の到達点であったとともに、天皇家を越えたことを誇示したことを示しているのです。

（飛鳥遊訪マガジンVol.211　二〇一五・三・二〇）

乙巳の変を考える

皇極《こうぎょく》四年（六四五）六月一二日、飛鳥板蓋宮《あすかいたぶきのみや》での三韓進調《さんかんしんちょう》の儀式の最中、蘇我入鹿《そがのいるか》が殺害されました。翌日には、蘇我蝦夷《えみし》が甘樫丘《あまかしのおか》の邸宅で自害します。世にいう「乙巳《いっし》の変《へん》」です。その後、新しい政権が難波《なにわ》に王宮を造り、大化改新《たいかのかいしん》を実行することになるのです。なぜ、蘇我本宗家は滅ぼされなければならなかったのでしょうか？　そもそも蘇我氏とは悪人だったのでしょうか？。蘇我氏悪人説・善人説は多くの議論があるところです。乙巳の変に至るまでの蘇我本宗家の活躍・行動をみることによって、なぜ乙巳の変が起こったのかを考えてみたいと思います。

蘇我稲目の時代

蘇我氏が歴史上に現われるのは宣化《せんか》元年（五三六）に、蘇我稲目《いなめ》が大臣に任命された時です。ここで蘇我氏は突然に表舞台に現われます。蘇我氏の素性は謎に包まれており、伝承によると武内宿禰《たけうちのすくね》を祖として、石川《いしかわ》宿禰→満智《まち》→韓子《かんし》→高麗《こま》→稲目→馬子《うまこ》→蝦夷→入鹿と続くとされています。このうち高麗以前については、実在が疑問視されており、その名前が異国風であることから、蘇我氏渡来人説も囁《ささや》かれているところです。近年、発掘調査で話題となった都塚《みやこづか》古墳《こふん》は、蘇我稲目の墓という見解も示されていますが、蘇我氏が飛鳥島庄《しまのしょう》へ進出するようになるのは馬子の時代からです。そして稲目の墓としては五条野丸山《ごじょうのまるやま》古墳が立地や時代からみて、ふさわしいと私は考えており、都塚古墳は、稲目あるいは馬子が、自分たちの出自を明確にするために、高麗を改葬した可能性もあるのではないでしょうか。

この稲目の時代の出来事として注目されるのは、仏教の導入です。これは決して、蘇我氏が独断で行ったもの

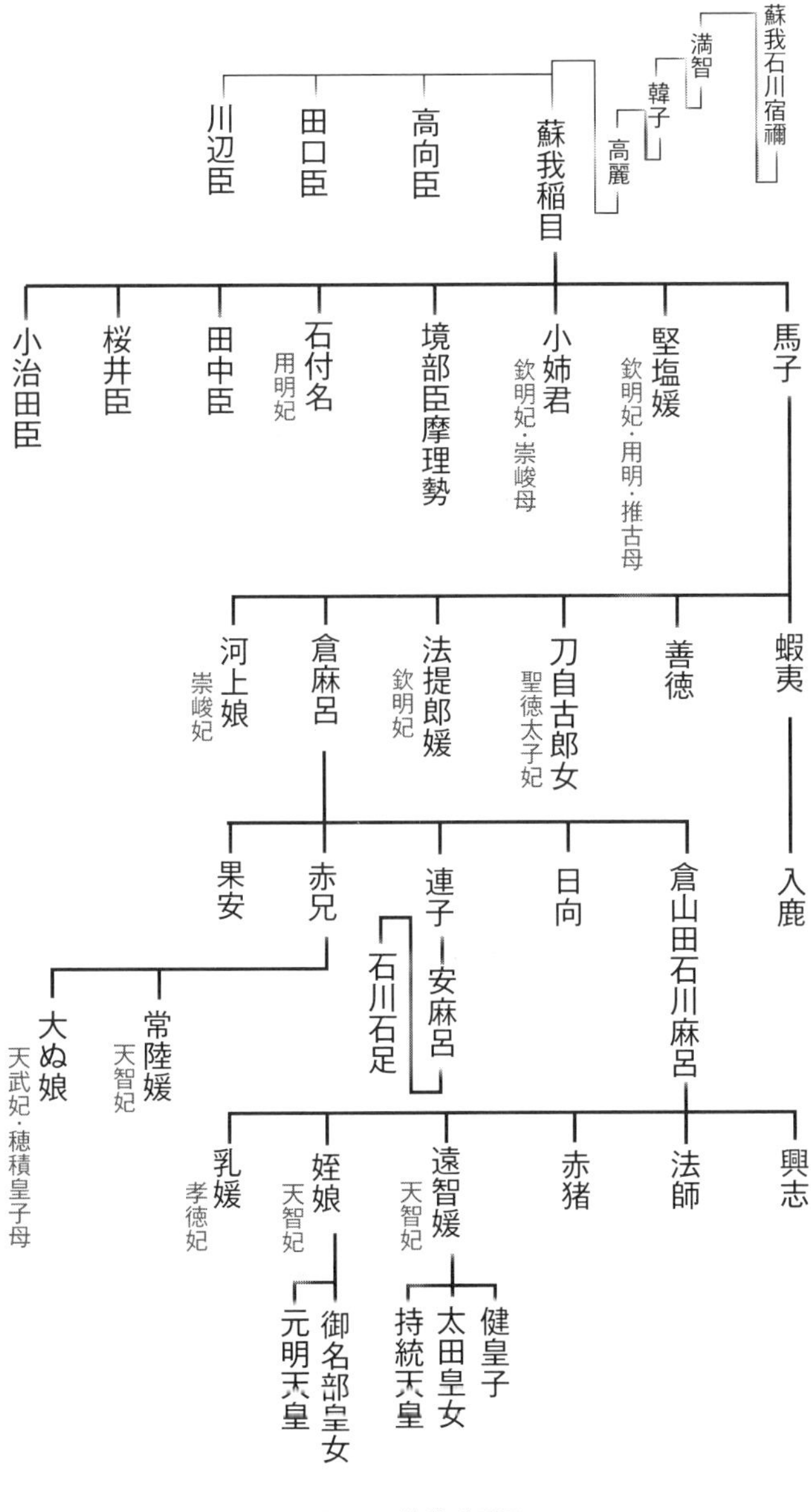

図88　蘇我氏系図

ではなく、欽明《きんめい》天皇から授かった仏像を安置することから始まっており、まさに天皇家公認の施策だったのです。しかし、当時、神国であった倭《わ》では反対勢力も多くいました。その代表格が物部氏です。この仏教をめぐる争いは次の馬子の時代まで続きますが、たんに崇仏《すうぶつ》・排仏《はいぶつ》ということだけではなく、これを理由とした蘇我・物部《もののべ》の権力争いでもあったのです。蘇我氏は渡来系氏族である東漢氏を配下にすることにより、その知識や技術をもとに力を蓄え、天皇家と血縁関係を形成することによって、その地位を確立していったのです。

蘇我馬子の時代

蘇我馬子の時代になると、ついに物部氏を滅ぼし、蘇我氏は名実ともに、トップの豪族になりました。この時、ともに勝利に導いたのは聖徳太子《しょうとくたいし》（厩戸皇子《うまやとのみこ》）でした。彼は天皇家と蘇我氏両方の血筋を受け継ぐ人物でもあります。飛鳥寺の建立が始まったのもこの頃です。寺院とは単なる宗教・文化センターではなく、先祖のため、天皇のために建立するものです。飛鳥寺は、氏寺ですが官寺でもあるのです。この時代は、推古《すいこ》天皇を蘇我馬子と聖徳太子が補佐する形で政治を行っていました。遣隋使《けんずいし》の派遣、屯倉《みやけ》の整備や治水・官道整備・憲法十七条制定など、東アジア世界へ仲間入りを始めました。蘇我氏と天皇家は良好な関係を築いていたのです。

蘇我蝦夷の時代

しかし、蘇我蝦夷の時代になると、推古天皇の後任として、田村皇子《たむらのみこ》派と山背大兄皇子《やましろのおおえのみこ》派に分かれます。結果的には、蝦夷の推す田村皇子が舒明《じょめい》天皇となりましたが、上宮王家《じょうぐうおうけ》との亀裂は大きなものになりました。さらに舒明天皇が百済大宮《くだらおおみや》へ遷るなど、天皇家との関係にも雲行きがあやしくなってきていたのです。

蘇我入鹿の時代

次の蘇我入鹿の時代になると、その横暴ぶりは激しくなります。蘇我氏ゆかりの地ともされる葛城《かわらき》に祖廟《そびょう》を造営したり、天皇家だけに許された八佾《やつら》の舞《まい》を演じたり、上宮王家の乳部の民を動員して蝦夷・入鹿の墓「大陵・小陵」を造営したりしています。そして、ついには山背大兄皇子をはじめとする上宮王家を滅ぼすことになります。さらに邸宅を甘樫丘に建て、視覚的にも見える形で、天皇宮殿を見下ろすことになるのです。蘇我氏が天皇家を越えたことを誇示するかのようでした。

このような歴史の流れを見ていくと、蘇我氏に対する認識は、蘇我氏は最初から悪ではなく、最後まで善でもなかった、と私は思うのです。

そして、乙巳の変へ

蘇我入鹿の振る舞いに、危機感をもったのが中大兄皇子でした。そして、中臣鎌足でした。エスカレートしていく蘇我本宗家の横暴ぶりは、ついに上宮王家を滅ぼし、倭国の法治国家としての発展に大きな危惧を抱いたのでしょう。少なくとも天皇家を中心とした国家形成に、蘇我氏は大きな役割を果たしてきたのですが、入鹿の時代になると、天皇家を脅かす存在となっていたのです。天皇を頂点とする国家を作り直すためには、新しい時代へと大きな飛躍が必要だったのです。そして、乙巳の変が起こり、新しい国づくりの歩みをはじめたのです。

（飛鳥遊訪マガジンVol.217　二〇一五・六・一二）

乙巳の変・その日

西暦六四五年六月一二日、王権の中枢である飛鳥板蓋宮《あすかいたぶきのみや》を舞台に、古代史上最大のクーデターが起こりました。乙巳《いっし》の変《へん》です。蘇我本宗家《そがほんそうけ》が滅んだ両日にわたる経過を『日本書紀』をもとに、みていくことにしましょう。

三韓の調

中大兄皇子《なかのおおえのおうじ》は蘇我倉山田石川麻呂《くらやまだいしかわまろ》に、三韓《さんかん》の調《ちょう》が進上される日に、表文を読み上げてもらう役を告げました。そして、その時に蘇我入鹿《いるか》を斬殺する計画を打ち明けたそうです。「三韓の調」とは、朝鮮三国、つまり高句麗《こうくり》・百済《くだら》・新羅《しらぎ》がそろって、天皇に朝貢する儀式です。『家伝』ではこの儀式は偽の儀式であったと記されています。

蘇我入鹿が斬殺されたのは、「大極殿《だいごくでん》」前とされており、天皇が「大極殿」に出御したときに、傍らには古人《ふるひとの》大兄皇子《おおえのおうじ》がいたと記されています。「大極殿」とは、天皇が出御して政務や儀式を執り行う建物で、藤原宮あるいは飛鳥浄御原宮《きよみはらのみや》以降にできる宮殿の正殿です。飛鳥板蓋宮の段階では、「大極殿」という名称やその性格を有する建物は、まだありませんでした。おそらく宮殿の一番重要な建物を『日本書紀』編者が「大極殿」と記したのでしょう。この正殿《せいでん》の前で斬殺されたのです。

図89　飛　鳥　寺

入鹿斬殺

三韓の調が始まりました。そして、石川麻呂が表文の読み上げが終わろうとするのに、佐伯子麻呂《さえきのこまろ》たちが飛び出してくる様子がありません。石川麻呂は緊張とあせりで、汗が流れ出し、手が震え、声も上ずりだしてきました。これを怪しく思った入鹿が、その理由を尋ねると、石川麻呂は、とっさに「天皇の前にいるから恐れ多くて、汗が止まらないのです」といったその時、中大兄皇子と子麻呂が飛び出し、入鹿を斬りつけたのです。入鹿は、転がるように下座にいた皇極天皇に訴えかけます。「王位を継ぐのは皇子です。私が何をしたというのでしょう？」と。天皇は中大兄皇子に「これは何ごとか？」と問います。「入鹿は天皇一族を滅ぼし、皇位をねらっています」。皇極天皇がそのまま大殿に入ると、子麻呂と葛城稚犬養網田《かつらぎのわかいぬかいのあみた》が、入鹿にとどめを刺しました。この日、雨が降って庭には水が溢れ、入鹿の亡骸《なきがら》は席障子で覆われたといいます。

飛鳥寺占拠

古人大兄皇子は入鹿が殺されるのを見ると、自分の宮に逃げ帰ってしまいます。そして、中大兄皇子は、直ぐに飛鳥寺を占拠し、守備を固めました。多くの皇族・豪族は中大兄皇子側に従い、蘇我蝦夷は完全に孤立してし

図 90　甘樫丘東麓遺跡

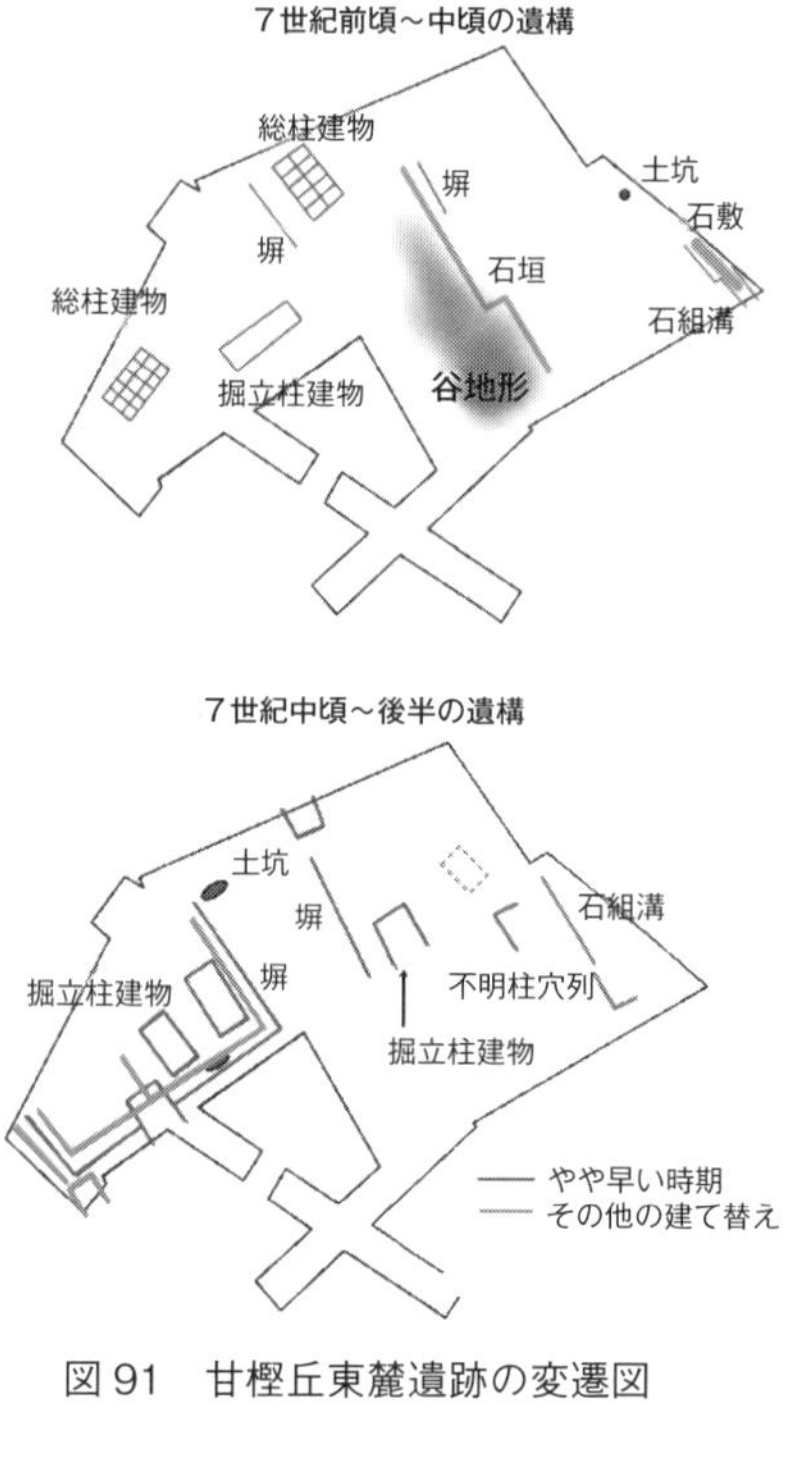

図 91　甘樫丘東麓遺跡の変遷図

まったのです。そして入鹿の屍骸《しかばね》を甘樫丘《あまかしのおか》の蝦夷邸に送ったのです。

中大兄皇子がまず飛鳥寺を占拠したのは、いくつかの理由があります。飛鳥寺は蘇我本宗家の氏寺です。当時、寺院は高い塀に囲まれた瓦葺《かわらぶき》の建物でした。つまり、堅固な防御施設をもち、火災に強い瓦葺など、本陣としては最適な構造です。逆に、ここに蝦夷が籠もられると、なかなか陥落するのが難しいといえます。もうひとつの理由は、飛鳥寺の立地です。飛鳥寺は飛鳥川を挟んで、蝦夷の邸宅に対峙できる場所にあります。まさに頂上決戦を行う両者には、もっともふさわしい場所といえます。

蝦夷の最後

一方の蘇我蝦夷邸には、武装した東漢氏《やまとのあやうじ》一族がつぎつぎと集結し始めていました。これに対して、東漢氏への説得を成功させたのは、巨勢徳陀臣《こせのとくだおみ》と高向国押《たかむくのくにおし》です。東漢氏を説き伏せ、武装解除させたのです。これによって、蝦夷には勝利の目算《もくさん》は完全に絶たれたといってもよいでしょう。

そして、翌日一二日、蝦夷は死期を悟って、『天皇記《てんのうき》』『国記《こくき》』や珍宝《ちんぽう》を焼き払ったと記しています。このうち『国記』のみ、船恵尺《ふねのえさか》により救出され、中大兄皇子に献上されたといいます。『家伝』では蝦夷は自殺したと記されていますが、『日本書紀』には記されていません。ここで注目したいのは、蝦夷は『天皇記』などは焼いたと記していますが、邸宅に火をかけたとは記されていないことです。『多武峰縁起絵巻《とうのみねえんぎえまき》』などでは、火に包まれる蝦夷邸が描かれていますが、蝦夷の邸宅は本当に火災にあったのでしょうか？ 甘樫丘東麓遺跡の焼けた建築部材などを、この記事や『縁起』に結びつけていますが、記録には放火の記載はないのです。その後、古人大兄皇子は飛鳥寺の金堂《こんどう》と塔の間で出家しました。『日本書紀』では一四日としますが、この出家の様子を蝦夷に見せるためと考え、蝦夷の存命中であっと考える説もあります。

勝者の得たもの

このクーデターの大儀は蘇我本宗家の横暴を止め、法治国家を形成することです。しかし、この勝者が得たものは、大儀以外にも多くあります。

この乙巳の変に直接関わった人物をみてみると、皇極天皇はこの変の直後に譲位します。生前譲位のはじめての事例です。そして、横にいた古人大兄皇子は、すでに出家しました。彼は事件時に天皇の傍らにいたことからも、次期天皇とされていました。舒明《じょめい》天皇と蘇我馬子の子である法提郎媛《ほてのいらつめ》との間に生まれた皇子で、蘇我本宗家が推していた人物でもあります。ここで、即位への道が絶たれ、替わって孝徳《こうとく》天皇として即位したのは軽皇子《かるのみこ》です。彼は皇極《こうぎょく》天皇の兄弟であり、その妻には蘇我倉山田石川麻呂の子である乳娘が嫁いでいます。石川麻呂は次期天皇の義父となると同時に、新政権では左大臣につき、さらに蘇我本宗家が滅んだことにより、蘇我氏の族長になります。中大兄皇子は、この時はまだ若く、皇太子ではあるものの即位には早すぎます。結果的にもまだ即位はしませんでしたが、新政権の政治を実質的に動かしていたのは中大兄皇子とその参謀となる中臣鎌足でした。

このように、乙巳の変は、大きな大儀とともに、さまざまな利害関係が個々人にもあったのです。蘇我本宗家の滅亡の理由は単純ではないのです。

（飛鳥遊訪マガジン Vol.223　二〇一五・九・四）

皇極朝の評価

『日本書紀』には、皇極《こうぎょく》朝の内政について、あまり記されていません。この時期に記されているのは、韓半島での政変や蘇我氏の横暴に関わること、そして乙巳《いっし》の変《へん》についてです。そのなかでも、皇極天皇の性格を明瞭に表わす出来事があります。

シャーマン皇極

皇極天皇が行った事跡としては、雨乞《あまご》いがあります。南淵《みなぶち》川の河上《かわかみ》で行ったというその場所は、特定されてはいません。栢森《かやのもり》の女淵《めぶち》とも、飛鳥川上坐宇須多伎比売命神社《あすかかわかみにいますうすたきひめのみことじんじゃ》前の八幡だぶともいわれていますが、明確ではありません。いずれにしても、奥飛鳥地域であることは間違いなく、八十万神々《やそよろずのかみがみ》が今も鎮座している幽玄な空間でした。古来、女性には、神々や神仏と共感する力があったとされており、女帝は政治力と祭祀力を併せ持つと考えられています。「政（まつりごと）」とは政治と祭祀であり、古代においては、ともに重要な点でした。その意味でも、皇極女帝は、シャーマン的な要素をもつ天皇であったといえます。

図 92　甘樫丘東麓遺跡の現地説明会

激動の国際情勢

この時代、わが国を取り巻く国際環境は非常に厳しいものでした。百済《くだら》・新羅《しらぎ》・高句麗《こうくり》三国は、互いに牽制をしながら、国内的にも国際的にも緊迫した関係を保っていたのです。推古朝以来、わが国も東アジアの国際情勢には、敏感に反応しなければなりませんでした。のちに起こる乙巳の変も、これらの国際情勢と無関係ではありません。わが国も重要な転換期を迎えていたのです。

皇極朝の王宮

皇極天皇の王宮である飛鳥板蓋宮《いたぶきのみや》は、舒明《じょめい》天皇の飛鳥岡本宮《おかもとのみや》と同じ地域に建てられました。これにより、それまでの歴代遷宮の慣習から大きな飛躍を遂げたのです。しかし、ここは蘇我氏によって王宮予定地とされていた場所でもあり、その意味で蘇我氏によって樹立された天皇であるともいえます。この王宮は、名前にも採用されているように、板葺の宮殿でした。当時、板材は加工が難しく、非常に貴重な建築資材でした。つまり、王宮造営にあたり、新たな建築技術が導入されたのです。さらに王宮の規模も大きく、推古・舒明の王宮よりも、整然としたものであったと考えられます。

図93　首　　塚

甘樫丘遺跡群

甘樫丘《あまかしのおか》には、蘇我蝦夷《そがのえみし》・入鹿《いるか》の邸宅が建てられたと『日本書紀』には記されています。従来、蘇我氏の邸宅かともされていた甘樫丘東麓《とうろく》遺跡《いせき》は、この時代に重なる遺跡ですが、邸宅中心部にみられる大型建物などは確認されておらず、邸宅は別の場所にあったと考えられます。この時期、甘樫丘全体が蘇我本宗家の支配下にあり、邸宅からは、飛鳥板蓋宮が見下ろされたと考えられます。つまり、蘇我氏が天皇を超える力を持つことを、視覚的にも周知させたといえます。このことが、乙巳の変へとつながりました。

乙巳の変

中大兄皇子《なかのおおえのおうじ》と中臣鎌足《なかとみのかまたり》は、飛鳥板蓋宮で、蘇我入鹿を倒します。そして、まず飛鳥寺に入り、甘樫丘に居する蝦夷と対峙しました。寺院は高い大垣に囲まれており、蝦夷がここに籠もると戦いにくくなることから、先手を打って、飛鳥寺を占拠したのです。それを甘樫丘から見た蝦夷は自害し、蘇我本宗家は滅亡しました。このことは、豪族の時代の終わりを告げており、律令国家への大きな飛躍に結びつきました。蘇我本宗家滅亡の意義はここにあります。飛鳥時代前半は蘇我氏の時代だったともいえるのです。そして、蘇我本宗家の滅亡は律令国家体制へ向けての重要な転換点と位置づけられるのです。

皇極朝の意義

このような激動の時代に、歴史的な変換点を体験した皇極天皇は、斉明《さいめい》天皇として再び即位をした時に、強力なリーダーシップを発揮します。皇極時代は、蘇我氏が力をもっており、天皇の権力は、十分には発揮できなかったのです。しかし、乙巳の変と大化の改新を経験したことにより、より強力な国家が必要であると感じたのでしょう。皇極朝は、斉明朝の政策への布石でもあったのです。

（飛鳥遊訪マガジン Vol. 226　二〇一五・一〇・一六）

column 6

斉明天皇陵をめぐる謎2

越 塚御門古墳の発掘調査から

明日香村教育委員会は、明日香村大字越《こし》にある牽牛子塚《けんごしづか》古墳《こふん》の範囲確認調査の中で、これまで知られていなかった終末期古墳を発見したと発表しました。その新古墳は、「越《こし》塚御門《つかごもん》古墳《こふん》」と命名されました。この古墳の存在は、牽牛子塚古墳の性格を考えるにあたって、極めて重要な意味をもちます。そこで塚御門古墳の発掘成果と、この古墳のもつ意味について、そして命名の由来について紹介したいと思います。

牽牛子塚古墳の発掘成果についてはコラム⑤でも紹介しました。飛鳥時代の天皇陵特有の八角形墳《はっかくけいふん》（対辺約二二㍍、高さ四・五㍍以上の三段築成、さらに外側に二重のバラス敷まで含めると三二㍍以上の規模）であること、埋葬施設は、二《に》上山《じょうさん》産の凝灰岩《ぎょうかいがん》巨石を刳り抜いた横口式石槨《よこぐちしきせっかく》で、周囲に石英安山岩《せきえいあんざんがん》（羽曳野市《はびきのし》鉢伏山《はちぶせやま》周辺）の切石が取り囲んでおり、当初から二人を埋葬することを計画していた合葬墓《がっそうぼ》であること、棺は天武《てんむ》持統《じとう》陵や聖徳太子墓・藤原鎌足《ふじわらのかまたり》墓でも出土している最高級の夾紵棺《きょうちょかん》であること、そして副葬品には七宝金具などの特殊な遺物があることから、斉明《さいめい》天皇と間人皇女の合葬墓の可能性が極めて高いと考えられています。

では、その隣接地で見つかった塚御門古墳はどのような古墳でしょうか。この古墳はこれまで、まったく未確認でありました。牽牛子塚古墳の石室と塚御門古墳の石室とは、わずか二〇㍍たらずしか離れていません。従来このような隣接地に終末期古墳が築造される例はあまりありません。さらに調査前には墳丘の高まりや盗掘坑《とうくつこう》の痕跡なども一切認められていなかったことから、多くの研究者の想定外のところで発見されたことになります。そこで、今回の新古墳を大字越、小字塚御門《つかごもん》にあることから、「越 塚御門古墳」と命名しました。

塚御門古墳はこのような経緯で、発掘調査で初めて発見されたこともあり、墳丘の規模、形態については明らかにはなりませんでした。ただし、石室の構造はある程度判明しました。石室は床石と上石、そして扉石の三石の石英閃《せきえいせん》緑岩《りょくがん》（貝吹山《かいふきやま》周辺で採石される通称飛鳥石）からなる刳り貫《ぬ》き式横口式石槨で、鬼の爼《まないた》雪隠《せっちん》と同じ構造をしています。ただし、扉石《とびらいし》は盗掘のため残っていませんでした。また、上石も奥壁から天井の一部以外は、石取り盗掘のため割ら

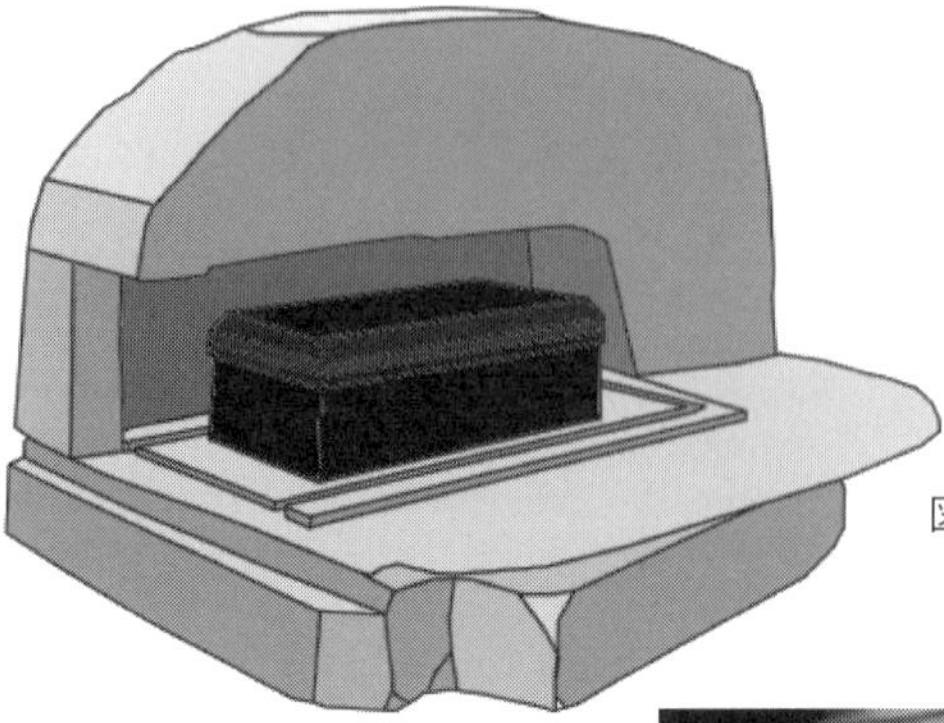

図 94　越　塚御門古墳の石槨復元図

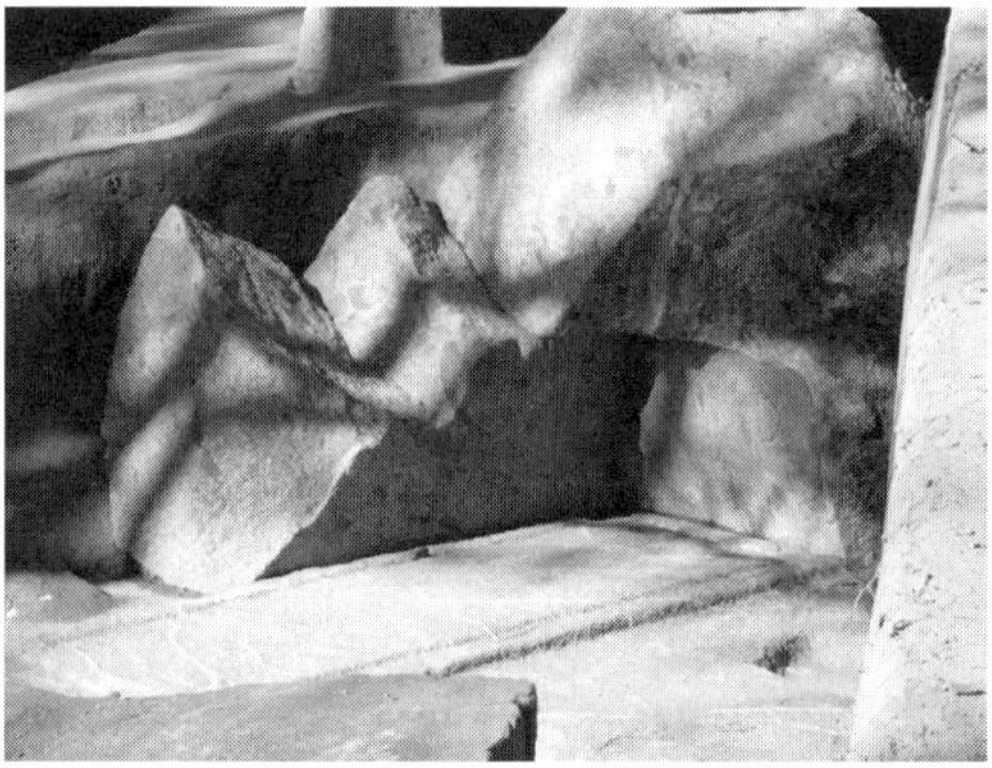

図 95　越　塚御門古墳の石槨 1

図 96　越　塚御門古墳の石槨 2

れて持ち去られています。石室の空間は非常に小さいもので、内寸法約二・四メートル、幅約九〇センチ、高さ約六〇センチしかありません。盗掘坑のなかからは鉄釘や漆膜片《うるしまくへん》が出土していることから、このなかには漆塗木棺が安置されていたものと推定されます。床石《ゆかいし》は凸になっており、上下の凹と組み合い、この部分には接着剤かわりの漆喰《しっくい》も詰められています。石槨の前には長さ四メートル以上、幅約一メートルの墓道が取り付いています。床面にはバラスを敷き詰め、側には石を数段積み上げていました。なぜか、石室の中心線と墓道《ぼどう》の中心線は二〇センチほどずれており、施工に時間差があるようです。これらの石槨は、牽牛子塚古墳の造成土を掘りこんで墓壙《ぼこう》を構築し、石槨を据えながら版築を積み上げています。このことから、塚御門古墳は牽牛子塚よりも新しい（工程の違いかもしれませんが）ことがわかります。

　これらのことから塚御門古墳は、牽牛子塚古墳の墳丘と隣接する小規模な古墳（墳形・規模不明）で、牽牛子塚古墳と同時計画か、その後に造られた刳り貫き式横口式石槨であることがわかります。そして、この石室の中に漆塗木棺を安置しており、石槨の構造からは七世紀後半頃の築造と考えられています。

　では、この古墳の主はいったいだれなのでしょうか？

すでに牽牛子塚古墳は、これまでの調査研究によって、斉明天皇と間人皇女《はしひとのひめみこ》の合葬墓であることが極めて高いと指摘されていました。その段階での課題のひとつに、天智六年（六六七）二月二七日の「斉明天皇と間人皇女を小市岡《おちのおか》上陵《うえのみささぎ》に合葬する。その日、大田皇女《おおたのひめみこ》を陵の前の墓に埋葬する」という記事にある大田皇女の墓が周辺に見つかっていないという指摘がありました。今回の古墳は、牽牛子塚古墳との築造順番やその位置関係などから、大田皇女の墓に該当する可能性が高いと思われます。とすれば、牽牛子塚古墳の築造時期は、天智四年二月二五日の間人皇女が亡くなってから、同六年二月二七日に斉明天皇・間人皇女合葬陵の前に大田皇女の墓を作った二年間に絞られることになります。そして、塚御門古墳は天智六年二月二七日に埋葬された大田皇女の墓ということになります。この古墳の発見によって、コラム⑤で指摘した課題点の多くが解決することになります。さらに文武三年（六九九）一〇月一三・二〇日の斉明天皇陵修造の詔も、築造ではなく、修繕や改修と理解すべきかもしれません。今回の塚御門古墳の墓道には、改修の痕跡がみられます。あるいはこの時期の改修の一端を表しているのかもしれません。

　このような点が確認されると、天智六年頃に斉明天皇陵や大田皇女の墓を築造した背景が重要な課題となります。中大兄皇子《なかのおおえのおうじ》にとって、この三人は非常に関係のある人々です。斉明天皇は中大兄皇子の母親であり、間人皇女は皇子の妹、大田皇女は皇子の娘ということになります。つまり、中大兄皇子の意思によって、身内の三人を同じ地域に埋葬したことになります。これらに一区切りをつけ、その一ヵ月後には、近江大津の地へ都を遷し、天智天皇《てんじてんのう》として即位を果たすことになります。その意味から、天智天皇の政策や政治理念、人物像について、改めて見直す必要があるでしょう。

なお、余談ですが、今回の古墳は地名をもとに、「越塚御門古墳」と命名しました。地名というのは、非常に興味深いもので、その名前がついた理由は、現在となっては不明になっていますが、発掘成果から考えると、その由来を探るいくつかの推測がなりたちます。大字「越」は斉明天皇陵の名前にもついてある「小市」から転訛したことは容易に推測できます。一方、小字「塚御門」も由緒のありそうな名前です。この「御門」にはいくつかの意味があり、当然、入口という意味があります。つまり牽牛子塚古墳の入口・前にあることと関係するかもしれません。あるいは、盗掘を受けているので、扉石を外すとそこが「門」のような入口に見えることに由来しているのかもしれません。さらに興味深いのは「御門」を万葉集の嶋宮などの歌では「ミカド」と読む例があり、この場合「朝廷」や「天皇」などトップの人物周辺を示すことがあることです。ちなみに、牽牛子塚古墳はあさがお塚とも呼ばれていますが、小字「御前ノ塚」であり、周辺には小字「塚御前」がいくつかみられます。つまり「御前塚」はまさにトップの人の墓であり、これが周辺にも広がっていることになります。そして、「塚御門」は「塚御前」の誤植の可能性も否定はできません。いずれにしても、この地域には由緒正しき地名が残されており、地名というのは、現在ではその由来がわからなくなっていても、多くの情報を包含している「遺跡」であるといえます。

（飛鳥遊訪マガジン Vol.096 二〇一〇・一二・二四）

【参考文献】明日香村教育委員会編『牽牛子塚古墳発掘調査報告書』（二〇一三）

Ⅳ 高松塚雑考

飛鳥美人の微笑み

高松塚壁画の発見

真っ暗な暗闇のなかをのぞき込む。静寂な空間。徐々に目が慣れてくると、天井から根が垂れ下がって、水滴が光っている。壁に何か色の付いたものが……。そこに陽の光が差し込んだ。こちらに向かって微笑《ほほえ》む「飛鳥美《あすかび》人《じん》」が出現した。

昭和四七年（一九七二）三月二一日正午すぎ。奈良県高市郡《たかいちぐん》明日香《あすか》村平田で調査していた網干善教《あぼしよしのり》は目を疑った。これまでの日本にはなかった壁画古墳の発見は、新聞一面カラーで掲載されました。昨今でこそ、新聞の一面を考古学の記事が飾ることも珍しくなくなりましたが、当時はまだ考古学や遺跡が一般に認知されておらず、その意味でも高松塚壁画《たかまつづかへきが》の発見は重要な役割を果たしていました。

石室のなかに描かれていたのは星宿図《せいしゅくず》・日月像《にちげつぞう》・四神図《ししんず》、そして男女人物群像《だんじょじんぶつぐんぞう》です。天井《てんじょう》の星宿は古代中国思想に基づいて描かれたもので、皇帝たちの住む天極や二十八宿の星座が描かれています。これらの星座と地上界は連動しており、天文を観察することによって、時の為政者は地上で政治を行っていたのです。四神図も同じ思想のもとに描かれています。二十八宿がそれぞれ東西南北の四方向の七宿ずつで四神となっており、四方を具象する動物とされています。これが高松塚壁画のモチーフです。このほかに、男女人物群像が描かれています。カラフルな服装をし、さまざまな道具を手に持っています。優雅に談笑しながら、歩いている姿から、当時のファッ

図97　飛鳥美人（西壁女子群像）

ションがわかり、飛鳥時代に想いを描く道先案内人にもなりました。私たちは彼女たちに「飛鳥美人」とキャッチフレーズをつけたのです。

飛鳥美人は私たちに大きな驚きとロマン、そして遺跡や文化財の大切さを教えてくれました。これは同時に明日香村が文化財とともに生きることを決定づけた出来事でもあります。この飛鳥美人の微笑みを絶やさぬように、私たちは努力をしていくのです。

（飛鳥遊訪マガジンVol.005　二〇〇八・一・四）

高松塚を守る科学

高松塚壁画の保存

一三〇〇年の眠りから目覚めた飛鳥美人たちは、まさに奇跡の出現でした。このような貴重な文化財は、明日香村や奈良県という地方公共団体だけで保存できるものではなく、国にその保存・管理を委ねることになったのです。これをうけて文化庁では、国家プロジェクトとして壁画保存に乗り出したのです。しかし、わが国では古墳壁画の保存や修理は未経験のことで、知識も技術もありませんでした。そこでイタリアをはじめ各国から多くの専門家の意見を聞きました。その保存の基本方針となったのは、美術的には濡《ぬ》れ色をした壁画が重要であること、壁画は古墳のなかの現地にあってこそ意味があるという点です。つまり、壁画の現地保存が決定したのです。

では現地に保存する場合、壁画保存に何が大切なのかでしょうか。試行錯誤《しこうさくご》をしながら得た結論は、一三〇〇年間壁画を守っていた環境、つまり発掘調査前の環境（温度・湿度）を維持し、剥落《はくらく》の危険がある箇所を修理することです。壁画は石壁に塗られた漆喰《しっくい》に描かれています。湿度が下がると漆喰の剥落する可能性が高くなり、温度が上がるとカビなどの発生する確率が上がります。しかし、地中温湿度は年間を通じて多少の変化はあるものの、ほぼ一定であるので、これらの点に関しては大きな問題はありません。しかし、剥落止めや定期点検時には人がなかに入る必要があります。いきなり石室《せきしつ》を開口すれば、外気が流入し、温湿度変化は免れません。そのために石室の前に「保存施設」を建設し、緩衝空間《かんしょうくうかん》を作ったのです。当時考えられた知識や技術を投入して、

図 98　保存施設を付設した高松塚古墳

壁画の保存・管理を行ったのです。
　こうして三五年前に壁画を現地で保存することを決め、施設を作り、修理・点検を続けてきました。しかし、三五年間の時間は長く、この時間のなかで、多くの課題が積もってきましたが、誰も気づかなかったのです。

（飛鳥遊訪マガジン Vol.006　二〇〇八・一・一八）

高松塚古墳の発掘現場から

高松塚保存のプロジェクト

昭和四七年（一九七二）三月二一日、明日香村平田にある高松塚古墳で極彩色《ごくさいしき》の壁画が発見されました。しかし、三五年を経た今日、石室《せきしつ》内にカビが発生し、壁画が劣化していることが判明しました。各分野のさまざまな検討の結果、発掘当時と比べて石室内での温度・湿度に変化が現われ、カビの発生が収まりきれない状態が続きました。そこで壁画を守るために、石室を解体して壁画の修理するという苦渋の選択をしたのです。

わが国の文化財保護行政上、初めて壁画を守るために石室を解体修理をすることになりました。このプロジェクトを成功させるために、石室を露出させ考古学的な記録をとる発掘班、石室を解体し、修理施設に運ぶ解体班、カビなどの微生物に対応する生物班、温湿度など壁画保存の環境を整える環境班、壁画を保護・修理する養生班とそれぞれのグループが協力し合って進めています。すでに石室を構成する一六枚のうち、壁画の描かれている一二枚については無事に解体し、修理施設へと運ばれましたが、まだ床石四枚が残されています。

解体修理にあたっては、石室を露出する必要があります。発掘調査は墳頂部《ふんちょうぶ》から版築《はんちく》を掘削しますが、その過程で版築の構築方法や石室の設置方法など古墳の築造状況に関するいくつかの知見を得ることができました。本来、古墳の調査とは、大きさや形、築造時期やその方法を解明するために実施しますが、今回の調査はこれに加えて、虫やカビの生える原因や壁画の劣化の構造を解明することも重要な課題です。このような点を解明する

図99　高松塚古墳の墳丘の発掘

ことは高松塚壁画の今後の修理に必要なためだけでなく、同時に進行しているキトラ古墳壁画にとっても大切なことです。さらに明日香村には第三の壁画古墳がまだあるといわれていますが、今回の調査で劣化原因を解明し、保存対策方法を確立することによって、今後の壁画古墳の現地保存への道が開かれてきます。つまり今回の調査は高松塚壁画のためだけではないのです。

（飛鳥遊訪マガジン Vol.012　二〇〇八・三・七）

高松塚古墳を掘る

石室構築の謎

高松塚古墳では壁画の解体修理に伴って、発掘調査を行っています。発掘調査の目的は、前章にも書いたように劣化原因の解明と古墳の築造方法の解明です。この発掘によって、新たな発見もたくさんありました。そのうちのひとつが天井石《てんじょういし》の謎です。

高松塚古墳の石室の天井は、四枚の凝灰岩切石で構成されています。この天井石のうち北端の一枚だけが他の天井石よりも小さくて薄い石が使われていました。石室は長さが九尺、幅が三・五尺と極めて計画的で精巧に造られていますが、なぜ一枚だけ寸法が違うのでしょうか。この理由については調査をしている私たちの中でも意見が分かれています。

大和国平田の村で石室を組み立てていた石工は、南から順番に天井石を組んでいた。三枚目の石を組んだ時、天井はすべて塞がるはずだったが、石の寸法が少し短くわずかに隙間が開いてしまった。

現場監督「何をしてんねん。隙間があいてるやろが」

石工「石の長さが短いです。寸法が間違って来たようです」

監督「葬式の日はもうすぐやぞ。しかたない、そこの石を使えっ！」

監督は大あわて。しかたなく、近くにあった石材を転用してそこを塞ぎ、上を版築で覆うとその石は隠れてしま

図100　高松塚古墳の石室

います。中からみるとしっかりとした石室が完成しているようにみえます。何とかお葬式の日程にも間に合って、現場監督はホッとしたことでしょう。……このような話が現地であったのかもしれません。

他にも版築の積み方や石室の組み方、漆喰の塗り方など、今回の発掘調査では多くの新事実が判明し、同時に多くの謎も残りました。発掘調査とはある意味、遺跡を壊すことでもあります。その代償として、そこからどれだけ多くの情報を引き出し、記録に残すことができるのか。それが私たちの仕事です。

（飛鳥遊訪マガジンVol.018　二〇〇八・四・一八）

高松塚壁画　救出

壁画の救出作戦

四月から始まった高松塚壁画の解体も八月二一日に最後の床石《ゆかいし》を取り上げました。壁画を現地の石室のなかに置いていては保存ができないことから、一度石室の石材ごと施設に運び、修理をすることになったのです。この解体にあたっては、これまで多くの方法を検討してきました。石材を吊り上げるのに特殊な器具を開発したり、何度も解体方法をシュミレーションをしたりしてきました。しかし、これまでは石室のなかからだけの観察で石材の大きさや形状を推定していましたが、実際に発掘調査をして石材が露出すると、大きさや形状、組み方が予想外であったことがいくつもありました。前回紹介した天井石もそのひとつです。

そのなかでも、飛鳥美人で有名な西壁石の解体は最も困難な作業です。当初L字形の器具を使って持ち上げ、解体・運び出しをする予定でした。しかし、この石材は床石とぴったりと密着しており、器具の爪が入らなかったのです。しかも側石同士の組み合わせ方から、西壁石をそのまま外側に傾けることもできません。無理に爪を入れると石が割れてしまう危険性が高いのです。ここで解体を担当するチームは新たな方法で石材をずらしてから、持ち上げることをしました。それは「コロ」を使うことです。まず、ジャッキで石材を少しだけ持ち上げ、そこに「コロ」の役割をする細い棒を差し込み、北側にスライドさせてから持ち上げるのです。「コロ」とは重量物を運ぶのに使われたと考えられている運搬方法で、高松塚の築造時にも使用されたと考えられます。実際、

図 101　石室解体作業

石室の南側には閉塞石の開け閉めに使われたコロのレール（道板）痕跡が見つかっています。

最新技術を使った解体作業のなかにも、古代人の知恵を今に応用することができたのです。高松塚石室の解体は古代人との知恵比べであったともいえます。

（飛鳥遊訪マガジン Vol. 023　二〇〇八・六・六）

飛鳥寺西の槻樹の下で歴史が動く

飛鳥寺西方遺跡の調査から

わが国最古の寺院である飛鳥寺《あすかでら》。その西方一帯の飛鳥川までの間には水田景観が広がっています。川向こうには、甘樫丘《あまかしのおか》が眼下いっぱいに横たわっていました。この飛鳥寺の西の地域を「飛鳥寺西方遺跡《せいほういせき》」と呼んでいます。ここで石敷《いしじき》や石組溝《いしぐみみぞ》、土管暗渠《どかんあんきょ》、掘立柱塀《ほったてばしらべい》などが見つかりました。これらの発掘成果と『日本書紀』の記事から、この地域の実態について考えてみることにしましょう。

飛鳥寺の西の地域は、『日本書紀』に幾度となく登場します。まず、これらの記事についてみていくことにします。皇極三年（六四四）正月には、中大兄皇子《なかのおおえのおうじ》が蹴鞠《けまり》をしているときに沓《くつ》が脱げ、それを中臣鎌足《なかとみのかまたり》が拾い上げて皇子に差し出し、二人が出会った記事があります。これを契機に、乙巳《いっし》の変《へん》や大化改新《たいかのかいしん》へと繋がったのです。皇極四年には、槻樹《つきのき》の下で孝徳《こうとく》天皇、皇極《こうぎょく》前天皇・中大兄皇子らは臣下を集めて、忠誠を誓わせていました。天武元年（六七二）の壬申《じんしん》の乱《らん》にあたっては、ここに飛鳥古京を守る留守司が置かれ、軍営とされました。その後、天武六年（六七七）・一〇年・一一年・持統二年（六九一）・九年には種子島《たねがしま》や隼人《はやと》・蝦夷《えみし》らを飛鳥寺の西のこの地で饗宴《きょうえん》をした記事が頻出《ひんしゅつ》します。また饗宴の記事は須弥山石《しゅみせんせき》の像立にかかわって、斉明三年（六五七）・五年・六年にもみられ、飛鳥寺北西の石神遺跡の地と考えられますが、これも飛鳥寺の西の一角といえます。

このようにみてくると、飛鳥寺の西の地域は乙巳の変を境に大きく性格が変貌することがわかります。皇極三年には、蹴鞠が行われていた地であったのが、皇極四年の大槻

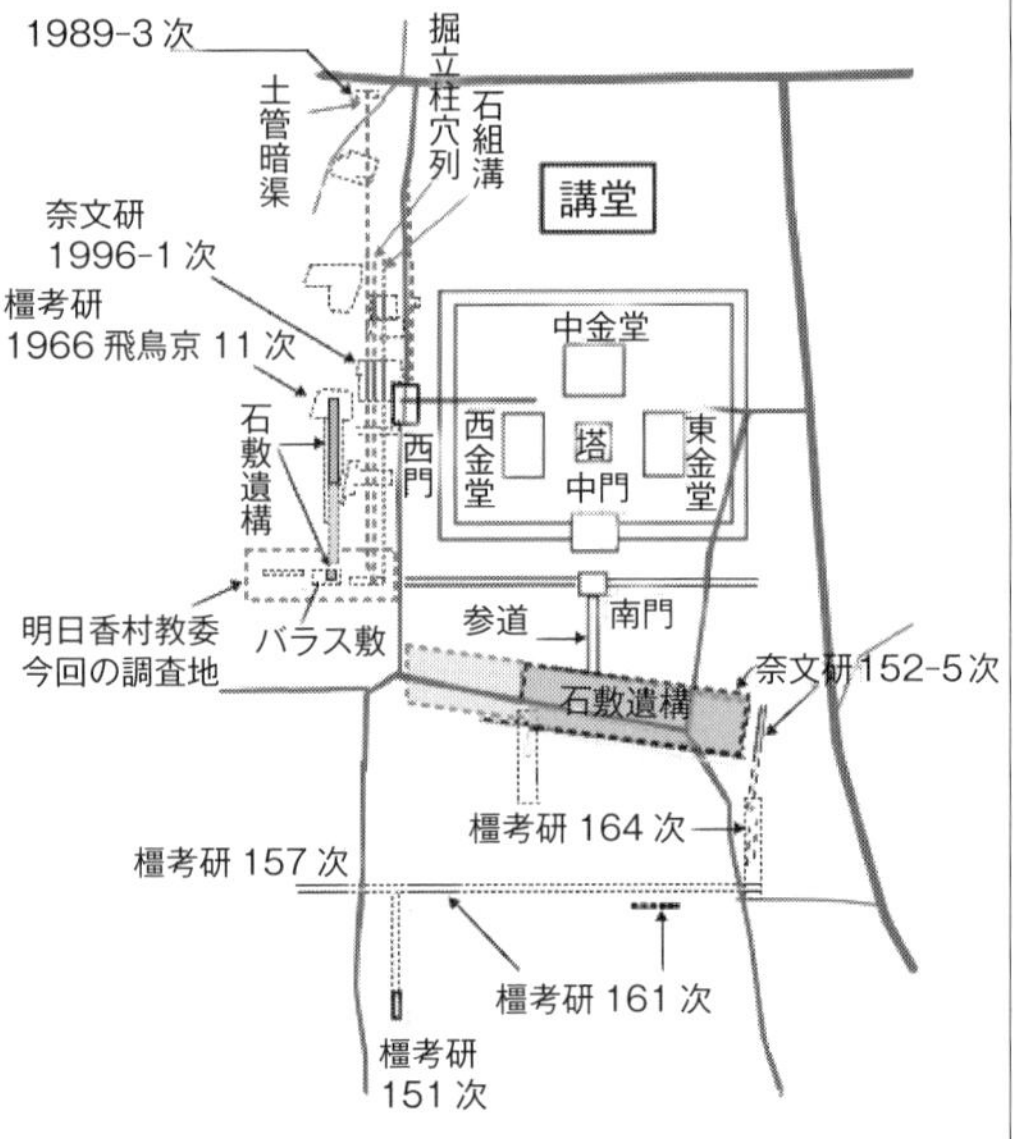

図102　飛鳥寺周辺の調査位置図

樹の誓盟以降、隼人・蝦夷などの饗宴の地としての性格が強くなるように思えます。もっとも飛鳥寺建立の地は、樹葉の家を壊して造営されたことから、寺院の造営前から槻樹があったものと考えられ、この樹こそ神聖視されていたことは容易に想像がつきます。

　では、これら一連の記事から知られる、飛鳥寺西の地域はどのような景観をしていたのでしょうか。まず、皇極四年の記事から槻樹が大樹であったことがわかります。ただし槻樹が一本だけであったのか、複数あったのかはわかりません。しかし、槻樹が神聖視されていたことを考えると、象徴的に大きな槻樹が一本あったとした方がよいのかもしれません。そして槻樹の広場は、蹴鞠ができる（皇極三年）だけでなく、留守司《るすのつかさ》の軍営の駐屯地（天武元年）になったり、二一三人もの蝦夷を饗宴したり（持統二年）していることから、かなり広大な空間が想定されます。史料からはこの程度までが推定可能です。

　今回の明日香村の発掘調査では、石組溝や土管暗渠、柱穴《ちゅうけつ》、石敷などが見つかりました。これらの遺構は、すでに飛鳥寺西門前で奈良文化財研究所や橿原考古学研究所の過去の調査でも見つかっている延長部分にあたります。これらは大きく七世紀前半と七世紀後半にわけられます。七世紀前半の遺構は土管暗渠と柱穴（掘立柱塀）があり、七世紀初頭に作られたと考えられます。暗渠は幅一六〇センチ、深さ一メートルの溝を掘り、そこに直径二〇センチの、瓦製土管を埋設したものです。過去の調査から南北に一八〇メートル以上繋がっていることがわかりました。また、掘立柱塀も飛鳥寺西面大垣に並行して南北一一〇メートル以上が確認されています。七世紀後半（天武朝）になると掘立柱塀は撤去され、石組溝や石敷・バラス敷などが広がります。石敷やバラス敷は、残存状況がよい部分や完全に抜き取られている部分もありますが、基本的には、ひな壇状の造成に石敷・バラス敷を施しています。今回の調査でも石敷の下段は良好に残されていましたが、すぐ上の段は、削平されているという部分もみられました。このように飛鳥寺西の地域は、南北方向の遺構が数多く見つかっていますが、今のところ建物は見つかっていません。同じ飛鳥寺の西でも、北西部の石神遺跡では七世紀前半から、多くの建物群が見つかることと比べても対照的です。

　では、最初に見た史料との関係はどうでしょうか。七世紀前半までは、この地域を明確に表わす史料はありません。ただ、槻樹の大木はすでに存在していたことは、飛鳥寺建立の地が樹葉の家を壊して造営されたことからも容易に想定されます。発掘調査では槻樹は見つかっていませんが、七世紀初頭の飛鳥寺西面大垣に沿う南北塀と土管暗渠があります。塀は西面大垣からわずか一〇メートル（高麗尺三〇尺）しか離れておらず、大垣と並行して一一〇メートルも続いて

図 103　飛鳥寺西方遺跡の石敷

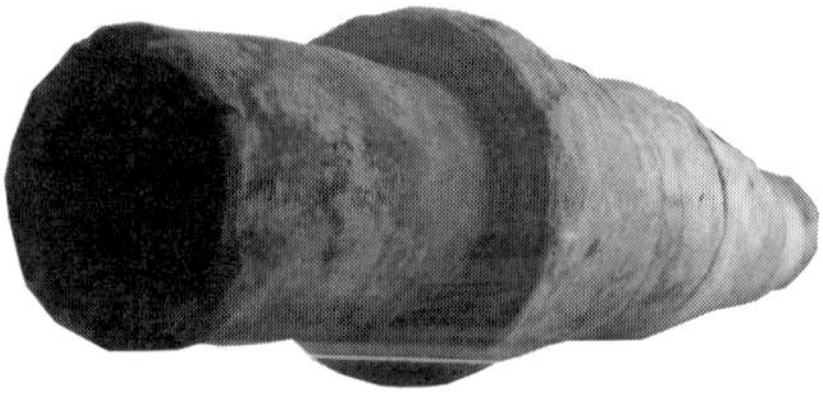

図 104　飛鳥寺西方遺跡出土土管

います。飛鳥寺西地域の東辺を区画する施設とも考えられますが、西門の前でも、この塀には門状施設はみられず、不可解です。一方、土管暗渠は南から北へと水を流しています。設置された時期は七世紀初頭と考えられますが、いつまで存続していたのかはわかりません。いったいどこからどこへ、何の目的で水を流していたのかは明確ではありません。仮に七世紀中頃にも存続していたとすれば、土管の北方にある石神・水落《みずおち》遺跡との関係が注目されますが、今のところ石神・水落遺跡では直接繋がる遺構は見つかっていません。何よりも七世紀初頭の埋設時期には、石神遺跡は整備されていません。今後の課題です。記録に蹴鞠の地や、大槻樹の誓盟などが行われた頃も同じ景観です。

飛鳥寺西地域の景観が一変するのは七世紀後半でも天武朝頃と考えられます。この頃になると石組溝や石敷・バラス敷に覆われた人工的な空間に変貌をします。壬申の乱の時の軍駐屯地の頃に、すでに石敷きに覆われた景観になっ

ていたのかは微妙ですが、天武・持統朝の蝦夷・隼人の饗宴の場は、この人工的な空間であったと考えられます。ちなみに留守司はどこにあったのでしょうか。建物が確認されているのは飛鳥寺北西の石神地域だけです。この周辺に推定することも可能です。ちなみに石神遺跡（B期）は小《お》墾《はり》田《だ》兵《ひょう》庫《ご》ではないかと私は推定しています。

飛鳥寺西の槻樹の広場は、まだその実態解明には至っていませんが、広場的な空間が広がっていたことが、これまでの発掘調査からうかがえます。飛鳥時代の歴史のエポックになる時には、必ず現われる場所です。まさにここで歴史が動いたのです。その意味でも、この地域の重要性は言うまでもありません。これからの調査によって、その実態が解明されることが期待されるとともに、石神遺跡を含めた検討が今後必要となります。

（飛鳥遊訪マガジン Vol.077　二〇一〇・四・二）

図105　飛鳥寺西の五輪塔

高松塚を揺るがす大地の記憶

文化財防災への喚起

高松塚古墳は堅固な版築《はんちく》と精巧に作られた石室《せきしつ》から構成されています。しかし、この堅固と思われていた古墳も、発掘調査をしてみると大小さまざまな亀裂《きれつ》が墳丘《ふんきゅう》にあることがわかりました。まずその兆候がみられたのは石室です。石室の精密な測量を行ったところ、本来は水平に設置されていたはずの石室が、北東から南西に向かって約七㌢《チセン》ほど傾いていることがわかりました。正確には石室自体がねじれながら歪《ゆが》んでいます。さらに天井石は南北に大きな亀裂がみられます。これらの原因としては過去に起きた大地震が考えられます。

このことは石室解体に伴う墳丘部の発掘調査でもみられます。墳丘を発掘すると、版築を貫く亀裂や断層が見つかりました。この亀裂や断層は、石室まで到達しています。これらの亀裂を観察すると、石室を中心に放射状に亀裂が伸びており、さらに同心円状にも広がっていることがわかります。さらに詳細にみると、亀裂は石室石材の輪郭に沿って走っていることがわかりました。つまり、地震によって石室が揺さぶられた時、各石材が振動し、微妙な移動をすることによって周囲の版築から亀裂が起こるのです。

これら墳丘の亀裂や石室の歪みを生じさせた原因は飛鳥地域で過去に起きた大地震と考えられます。この地域では九〇〜一五〇年周期で起きる南海・東南海地震があります。酒船石《さかふねいし》遺跡では天武一三年（六八四）に起きた白鳳南海地震で石垣が倒壊していることがわかっており、カヅマヤマ古墳では正平一六年（一三六一、康和元）

図106　墳丘を貫く亀裂

に起きた正平南海地震で古墳が寸断・崩壊していきます。高松塚古墳ではどの地震であるのかは確定できませんが、天井石の亀裂は鎌倉時代初めに行われた盗掘よりも新しいことから、カヅマヤマ古墳と同じ正平南海地震の可能性があります。これら地震の影響は高松塚古墳の劣化要因の一端を担っているだけでなく、私たちに文化財防災についても喚起させているのです。

（飛鳥遊訪マガジンVol.026　二〇〇八・七・一八）

高松塚壁画に忍び寄る微生物の影

カビとの戦い

「飛鳥美人」というキャッチフレーズをもつ高松塚古墳壁画。しかし、この壁画もたびたびカビによって劣化・汚染されてきました。そのつど、カビは除去されて危機は去りましたが、年を追うごとにカビの発生回数も増え、さらに黒色のシミを残すカビも発生するようになりました。さらに、しっかりと盗掘坑《とうくつこう》を密閉しているはずの石《せき》室《しつ》内でムカデやゲジゲジなどのムシも見つかりました。石室は築造当初、精密に組み立てられ、内側に漆喰を塗り、隙間《すきま》もないような構造でした。しかし発掘調査では前回も紹介したように、地震によって石室が傾き、歪み、小さな隙間や亀裂《きれつ》が確認されています。これらのムシは石材の隙間から侵入してきたのです。

このような石材の隙間や石材と版築《はんちく》の間の亀裂はムシの進入路となっているだけでなく、カビの温床にもなっていました。カビは発生するたびに、薬品や薫蒸《くんじょう》によって除去・退治してきました。石室内ではこのような作業の繰り返しによって、何とかカビの拡大を抑えていたのですが、近年はこれが追いつかず、さらに黒色のシミを残すものが増えてきました。発掘調査をすると、カビによって石材の外側や隙間が真っ黒になっていることが判明しました。つまり、三五年間のカビの発生によって、内側のカビは除去できたが、石材の隙間を伝って外側に蓄積していったのです。いくら内側のカビを除去しても、すぐに外側から隙間を経て内側にカビが侵入することになります。発掘調査ではこのようなカビ発生メカニズムの一端も明らかにしました。

図 107　石室に潜む微生物

「飛鳥美人」も発見から三五年を経て、壁画の劣化やシミが見られるようになりましたが、発掘調査をしていた私たちは、調査中にみた「飛鳥美人」を何としても救い出さなければと、気持ちを新たにして調査を続けたのです。

（飛鳥遊訪マガジン Vol.030　二〇〇八・九・五）

高松塚古墳がもたらす文化財の未来

文化財と現代

昭和四七年（一九七二）、高松塚古墳で極彩色《ごくさいしき》の壁画が発見されました。新聞の一面にカラー写真で大きく取り上げられ、考古学や文化財が一般に認知された瞬間です。これ以降、古代史ブームが巻き起こり、明日香が文化財と共存する村として歩む後押しになりました。同時に高松塚古墳壁画の保存が、当時の国家プロジェクトとして最新の科学技術を駆使して実施されたことが、わが国の文化財保存の理念の確立につながっています。

しかし、発見から三五年を経て、壁画は大きく劣化し、石室内の保存環境も著しく変化をしてきました。これらの原因については、多くのことが指摘されています。漆喰《しっくい》層の物理的な劣化、壁画修理やカビの除去における使用薬剤の影響、石室の保存環境の維持など、壁画の保存技術に困難な課題が多くあり、わが国において初めての経験であることから試行錯誤の連続でした。このほかにも、石室内点検時における損傷事故やその修復の未公表、墳丘と壁画の管理体制の違いによる情報の共有ができなかったことなど、管理体制や情報公開の不備も、壁画を現状のように劣化させた一因です。

また、高松塚壁画がキトラ壁画とともに、わが国にはふたつしかない希有《けう》な存在であることから、その保存施策に英断ができず、当初の方針を引きずっていたことも問題です。例えば、一〇年ごとに保存方法の検証を行い、次の一〇年間の保存方針を検討することも必要であったのだろう。

図 108　現在の高松塚古墳

今回の高松塚古墳の保存問題は、文化財保存の理念と技術、そして情報公開や管理体制などさまざまな課題を浮き彫りにしました。これらは忘れかけていた、文化財と私たちのあり方を再考させるものです。今、再び国家プロジェクトとして壁画を守り、次の世代に伝えていく努力が始まっています。多くの課題や反省を乗り越えて、もう一度文化財保存の理念の構築が始まったのです。

（飛鳥遊訪マガジン Vol.033　二〇〇八　一〇・一七）

column 8

飛鳥宮の大型建物を考える

飛鳥宮内郭北辺の調査から

飛鳥宮跡は、これまで半世紀にも及ぶ発掘調査によって、飛鳥時代の歴代天皇が宮殿を置いた場所であることがわかってきました。つまり舒明《じょめい》天皇の飛鳥岡本宮《おかもとのみや》、皇極《こうぎょく》天皇の飛鳥板蓋宮《あすかいたぶきのみや》、斉明《さいめい》天皇の後飛鳥岡本宮、そして天《てん》武《む》・持統《じとう》天皇の飛鳥浄御原宮《きよみはらのみや》が同じ地域に重層的に建てられていたのです。

今回、橿原考古学研究所は、この飛鳥宮の内郭《ないかく》の北側でエビノコ郭正殿《せいでん》にも匹敵する大型建物を発見したと発表しました。この建物の性格については、新聞でもさまざまな意見が紹介されています。「天皇の内裏《だいり》か」「七世紀後半内裏の先駆けか」「苑池にかかわる建物か」など。しかし、いまだ確定はしていません。そこで、この建物の性格について、少し考えてみたいと思います。

今回の大型建物は内郭のすぐ北側、中軸線よりもやや西側にあたります。調査はこの地域を斜めに横断する吉野川分水と呼ばれる水路の改修に伴って行われました。すでに既存の水路によって、大きく掘削されていたため、調査ではごく一部の平面検出と、多くは壁面にみられる断面調査が実施されました。このような状況なので、調査段階においては、なかなか建物などの復元が困難でしたが、ここで確認される柱穴《ちゅうけつ》は一辺一・七㍍、深さも一・七㍍あり巨大なものです。この大きさは飛鳥宮でも正殿の柱穴に匹敵するものです。今回、詳細な検討により、これらの柱穴群を一棟の建物に復元されました。それは東西九間（二九・四㍍）、南北五間（一五㍍）で、南と北側に廂《ひさし》をもつというものです。柱間の寸法も三㍍あり、東西端だけは四・二㍍と少し広くなっています。もうひとつの復元案は、さらに東西に庇がつくもので、東西一一間（三五・四㍍）、南北五間（一五㍍）です。どちらの復元案にしても、この建物がこれまでに確認されている内郭の正殿よりも大きく、エビノコ郭正殿に匹敵する規模であることから、極めて重要な建物であるといえます。この建物の北東部に、建物の東辺・北辺を画するとも考えられる石組溝か見つかっています。この石組溝《いしぐみみぞ》が雨落溝《あまおちみぞ》であるならば、大型建物は東西一一間であった可能性が高いと思われます。また、この建物の建築時期は明確にはできていませんが、廃絶は藤原宮期頃と考えられることから、飛鳥浄御原宮段階には存在していた建物と考えられます。

そこで建物の機能を考えるにあたっての前提、つまり今回の復元案の課題点を、まず整理しておきましょう。今回の調査は、すでに記したとおり水路改修に伴う調査で、中央部が大きく壊されています。よって、一部の平面と断面調査の成果から建物を復元したものなので、建物構造を正しく復元できているのかは明らかではありません。このことは発表時にも調査側から指摘している点で、今後の周辺の調査によっては、変更の余地が残されています。たとえば、今回の大型建物の北廂と南廂と考えられている二列ずつの柱列《はしられつ》が、実は南北に二棟並んだ建物の南廂と北廂部分だけが確認された可能性もあります。また、東西一一間、南北一間の細長い建物状遺構が南北にふたつ並んでいる可能性も捨てきれません（同様の遺構が、今回の建物の南東ちかくにも南北棟で見つかっています）。このように、まだいくつかの復元推定は可能であるものの、柱穴規模や石組溝などを考慮すると、今回の大型建物に復元する案が、最も妥当であると思われます。

では、この大型建物はどのような性格をしていたので

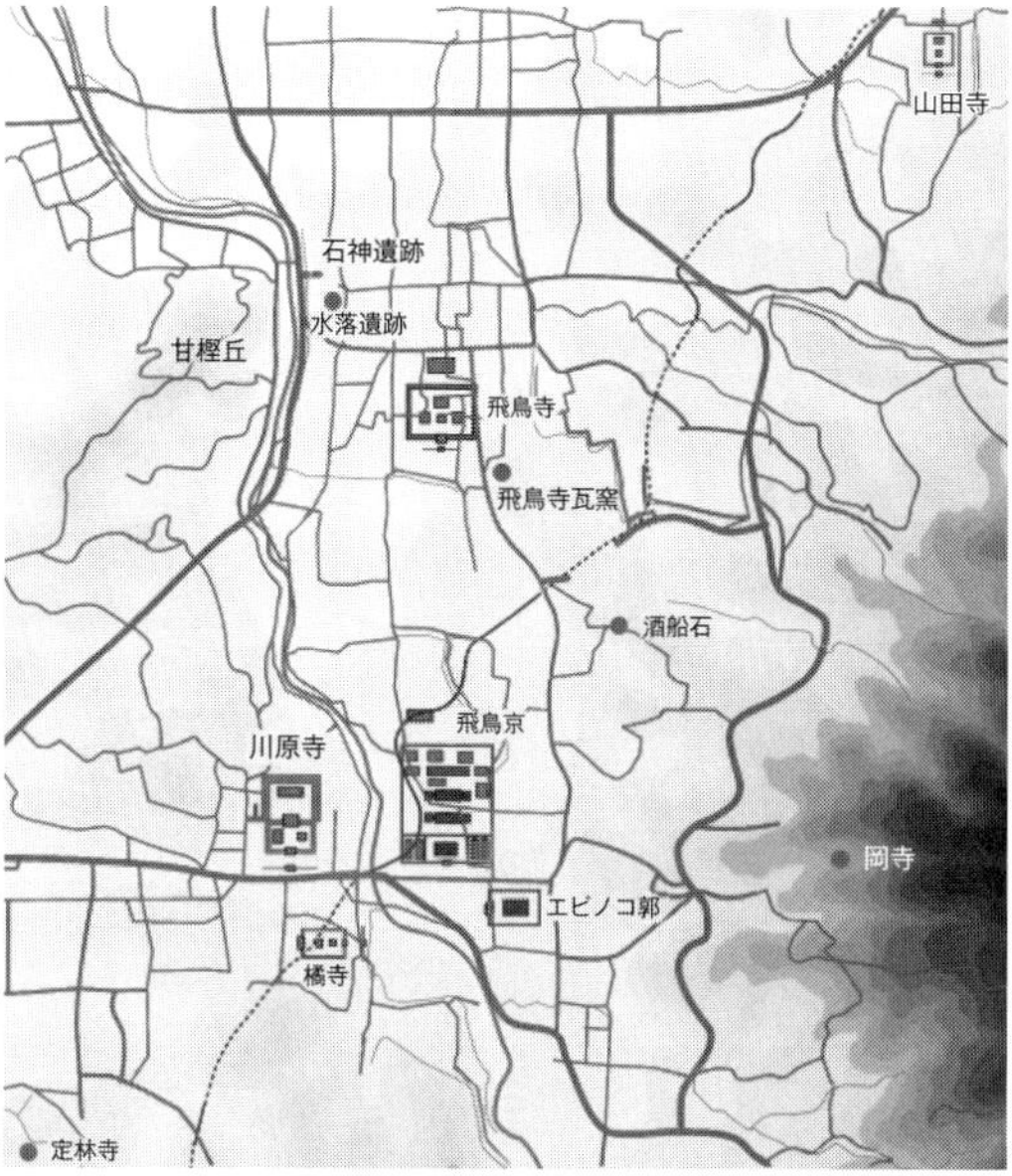

図 109　飛鳥宮周辺の遺跡

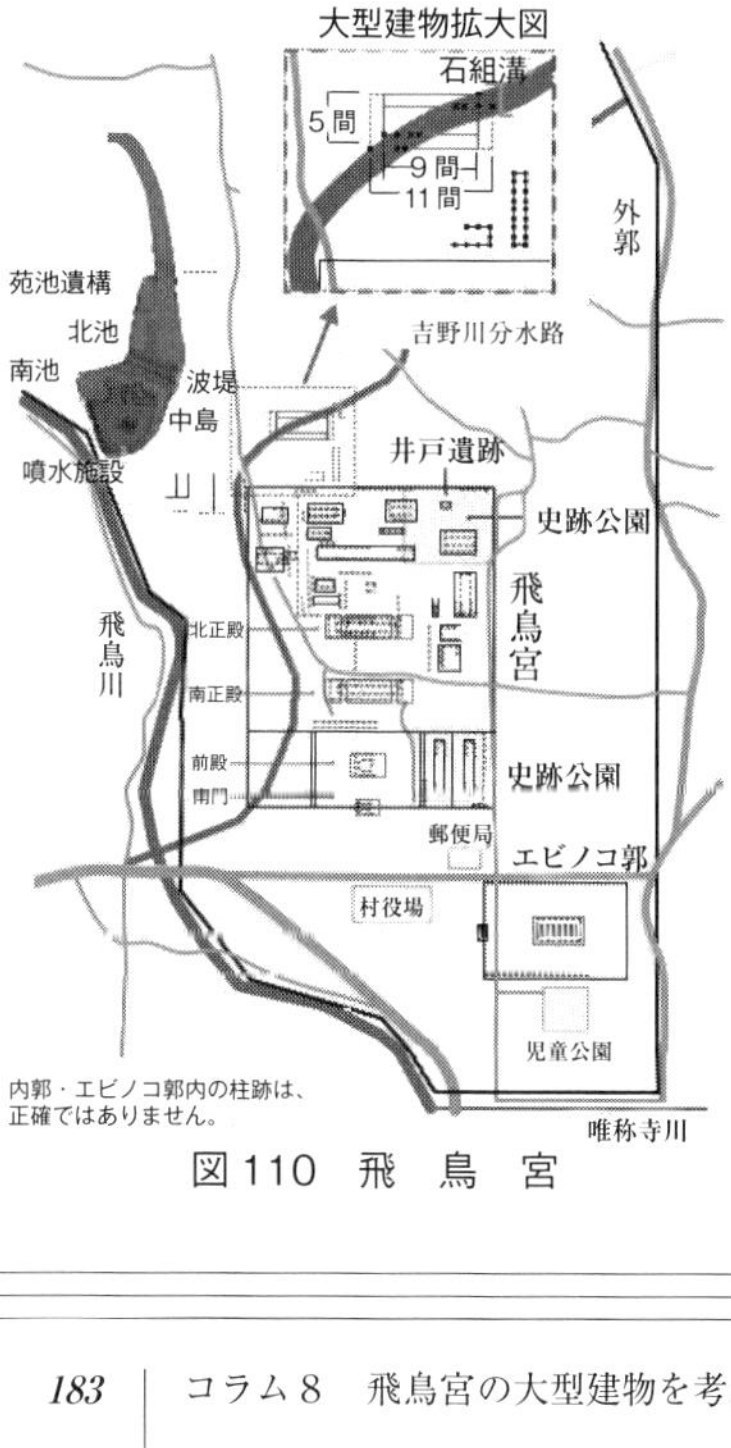

図 110　飛　鳥　宮

しょうか。その性格を考えるいくつかのポイントを考えてみたいと思います。まず、大型建物の立地です。大型建物は内郭の北側、つまり内郭の外側隣接地にあることです（ちなみに中軸線を挟んだ東側の対称の位置には建物は確認されていません）。内郭は本来、天皇の私的空間（居住空間）と公的空間が同居していました。しかし、エビノコ郭の創設によって、公的空間が内郭から飛び出し、私的空間へと純化していく過程です。つまり、内郭は天皇の居住空間（のちの内裏）として確立していく空間といえます。今回の建物は天皇の私的空間の外にあるので、天皇の私的建物とは考えられません。

次に建物の方向をみてみましょう。今回の大型建物は南を正面としています。また、飛鳥京跡苑池《えんち》の南池までは、少し距離があることから、苑池との関係は少し薄いように思われます。苑池に伴う建物は南池のすぐ南東の高台で見つかっている建物が有力な候補です。さらにいえば、今回の大型建物は単独で存在するのではなく、南東に南北八間、東西一間の南北棟建物や、南に東西四間以上、南北二間の東西棟建物とも有機的に繋がって、ひとつの空間を有していたと考えられます。

大型建物の規模も注目されます。すでにみたように、この大きさはエビノコ郭正殿に匹敵する大きさで、建物構造はのちの平城宮内裏正殿に類似の建築様式がみられます。つまり、飛鳥宮において極めて重要な建物で、その使用は天皇やそれに準じる人物に限られます。その候補を少し広く見積っても、皇后や皇太子などではないでしょうか。

ここまでをまとめると、今回の建物は飛鳥宮では最大級の建物で、天皇やそれに並ぶ人々の利用した可能性が高く、それは天皇の私的空間である内郭の外側にあり、苑池とは異なったひとつの空間を有しているといえます。

では具体的に、この大型建物の性格はどのようなものだったのでしょうか。内郭が内裏的な、天皇の私的な空間であることから、その外側にあるこの建物が天皇の私的建物とは考えられません。また公的建物としても、内郭前殿やエビノコ郭正殿があることから、可能性は低いと考えられます。しかし、今回の建物の規模や建築構造からは天皇に準ずる人物にかかわる建物と考えられます。それは皇后や皇太子（皇子）などが候補にあがります。当時、皇太子は草壁皇子でした。皇太子の宮（東宮）は飛鳥宮の南東にある嶋宮《しまのみや》と考えられています。一方、皇子たちの宮も飛鳥宮外にあります。たとえば、高市皇子《たけちのみこ》は香具山《かぐやま》山麓、忍壁《おさかべ》皇子は雷丘《いかずちのおか》周辺、舎人《とねり》皇子は細川周辺、弓削《ゆげ》皇子は南淵山《みなみぶちやま》周辺、新田部《にいたべ》皇子は八釣山《やつりやま》周辺に推定されています。一方、皇后の宮は天皇の宮とは別の経営基盤をもっており、天皇宮とは別に、皇后宮があったと考えられています。これまでの研究では、皇后が内裏の中に住むようになるのは、奈良時代でも後半以降からです。しかし、飛鳥浄御原宮の範囲は内郭だけでなく、北は飛鳥寺のすぐ南まで、東は飛鳥岡の裾まで、南は唯称寺川《ゆいしょうじかわ》まで、西は飛鳥川までの範囲が想定されています。さらに飛鳥宮の南東には嶋宮が、飛鳥寺の北方には小墾田宮が配置されており、皇后宮を配置する空間がありません。では、皇后宮はどこにあったのでしょうか。ここで考えられるのは、皇后宮が飛鳥宮の内部に存在する可能性です。飛鳥宮の内郭は天皇の空間であることから純粋な意味で天皇宮といえます。つまり皇后宮は天皇宮とは別にあるが、飛鳥宮の内部に存在するのです。この理解が正しければ、今回の大型建物の有力な候補として、「皇后宮」であった可能性が指摘できます。

いずれにしても今回の調査は、飛鳥宮のみならず、宮都研究において重要な発見となりました。今後、周辺での調査が期待されると同時に、次の藤原宮内裏の解明によって、系統だった理解ができるものと考えられます。

（飛鳥遊訪マガジン Vol.082 二〇一〇・六・一一）

【参考文献】 奈良県立橿原考古学研究所編『飛鳥京跡Ⅳ—吉野川分水の発掘調査—』（二〇一四）

あとがき

インターネットを通じて飛鳥好きが集まる団体に「両槻会《ふたつきかい》」があります。彼らは、飛鳥地域のウォークや講演会などの定例会を二ヵ月に一度開くことから、この名前を付けました。

両槻会は、会員制を採らず、会費なども存在しない自由な運営方針を旨としています。定例会のテーマに興味を持つ者なら、誰でも気楽に参加できるシステムを採用しており、難しい会則もなく、一回ごとの運営協力金以外に必要な物はありません。参加条件は「飛鳥」が好きだということとネット環境を使えることだけです。

そんな彼らがメールマガジン「飛鳥遊訪マガジン」を配信したのは二〇〇七年（平成十九）のことです。彼らに頼まれて、私も微力ながらいろいろな文章を寄稿してきました。本書はこの「飛鳥遊訪マガジン」に掲載した原稿の一部をまとめたものです。

連載は、本書にも掲載した「高松塚雑考」から始まりました。ちょうど高松塚古墳の調査をしていた時の原稿です。壁画救出のために、石室解体という苦渋の選択をし、その発掘調査に参加するという、一度と経験することのない調査のなかで考えたり、感じたりしたことを書いています。

続いて、「推古朝のふたつの王宮」は、以前に講演会などで話をした内容を、よりわかりやすく紹介し、文章化・記録しようとして始めたものです。推古朝の次は「舒明朝の王宮と寺院」に入り、さらに「皇極朝の王宮と政変」を執筆しました。舒明朝の連載が終わる頃から「平城京遷都までの約一二〇年間を、天皇ごとに王宮を中心とした歴史を書けばおもしろいなぁ」と考え始めました。現在は、斉明朝まで完結し、天智朝に突入しています。これらを執筆することにより、各時代をより深く考える機会になりました。まだ、先は長いのですが、いつか飛鳥時代史を完結させたいと思います。

また、今回コラムに掲載したのは、最新の発掘調査の成果が各機関から発表されるのにあわせて、その調査成果をリアルタイムでわかりやすく紹介し、それに対する私の個人的な意義付けや見解を記した番外編「旬の話題」として掲載したものです。報道発表時の内容なので、その後の調査や出土遺物の検討により、発表内容が変更されているものもあります。これは補注としてのコメントを付けたり、各機関からの報告書を参考文献としてあげておきました。牽牛子塚古墳の調査成果についての課題の提示や都塚古墳の解釈案、飛鳥宮の大型建物の性格についての私案、さらに小山田遺跡は、蘇我蝦夷の大陵と根拠を示して提示した最も早い時期の文章だと思います。

これからも王宮を中心とした天皇ごとの飛鳥時代史、そして、新たな発見のたびに、その紹介と個人的な見解を積み重ねることによって、「日本国誕生」の歴史を明らかにしていきたいと思います。「飛鳥・藤原の考古学」をは現在進行形です。ぜひ、メルマガ「飛鳥遊訪マガジン」(http://melma.com/backnumber_171530/ または http://www.mag2.com/m/0000259444.html) をご覧になり、日本国誕生を探る飛鳥への旅に出ましょう。

最後に、本書に掲載した多くの写真とイラストは、両槻会の風人さんが撮影・作成したものです。今回の刊行にあたり、改めて多くのイラストマップを作成していただきました。私の拙い文章を、よりわかりやすくしていただき、ありがとうございました。また、出版をお引き受けいただいた吉川弘文館と編集部の並木隆氏に御礼申し上げます。

平成三十年六月吉日

「牟佐の鎮守の森」近くの四阿にて

相原嘉之

図版一覧

＊提供・作成の記載のないものは，両槻会 風人撮影・作成

著者略歴

一九六七年、大阪市に生まれる
一九九〇年、奈良大学文学部文化財学科卒業
奈良国立文化財研究所飛鳥・藤原宮跡発掘調査部、滋賀県文化財保護協会を経て、
現在、明日香村教育委員会文化財課長　博士（文学 奈良大学）

〔主要著書・論文〕

『蘇我三代と二つの飛鳥』（共著、新泉社、二〇〇九年）
『古代飛鳥の都市構造』（吉川弘文館、二〇一七年）
「ふたつの壁画古墳」（森公章編『史跡で読む日本の歴史』三所収、吉川弘文館、二〇一〇年）
「発掘された飛鳥・藤原京」（豊島直博・木下正史編『ここまでわかった飛鳥・藤原京』所収、吉川弘文館、二〇一六年）

飛鳥・藤原の宮都を語る

「日本国」誕生の軌跡

二〇一八年（平成三十）九月十日　第一刷発行

著者　相《あい》原《はら》嘉《よし》之《ゆき》

発行者　吉川道郎

発行所　株式会社　吉川弘文館
郵便番号一一三―〇〇三三
東京都文京区本郷七丁目二番八号
電話〇三―三八一三―九一五一〈代〉
振替口座〇〇一〇〇―五―二四四番
http://www.yoshikawa-k.co.jp/

組版＝本郷書房
印刷＝亜細亜印刷株式会社
製本＝誠製本株式会社
装幀＝古川文夫

ISBN978-4-642-08338-6

古代飛鳥の都市構造

相原嘉之著

A5判・三九六頁／一一〇〇〇円（税別）

大宝元年（七〇一）正月、律令制度が完成して誕生した「日本国」。時の為政者である「天皇」はどのような政治判断をし、いかなる理念のもとに国家形成を行なっていたのか。最新の考古学成果をもとに飛鳥、近江、藤原京の成立過程を追究。七世紀の王宮の変遷や構造、官衙の成立、飛鳥地域の都市構造を解き明かし、律令国家の形成過程を展望する。

ここまでわかった飛鳥・藤原京 倭国から日本へ

豊島直博・木下正史編　四六判・二五六頁／二四〇〇円

古代史の舞台を解明する発掘が続けられている飛鳥・藤原の地。王宮・王都、都市陵墓、寺院、木簡、古代朝鮮の都城など、さまざまなテーマを論じた日本考古学協会シンポジウムの記録。これからの課題を整理・展望する。

飛鳥の宮と藤原京 よみがえる古代王宮 （歴史文化ライブラリー）

林部　均著　四六判・二七二頁／一八〇〇円

大化改新や壬申の乱などの舞台、飛鳥にはどのような王宮や施設が造られていたのか。斉明天皇による荘厳な空間整備、天武天皇の大極殿など、新しい国づくりの過程で飛鳥がどう都市化され、藤原京に展開するのかを描く。

飛　鳥 その光と影 （歴史文化セレクション）

直木孝次郎著　四六判・三二〇頁・原色口絵四頁・折込一丁／二四〇〇円

万葉の古里〝飛鳥〟は、古代国家建設の槌音と絶え間ない抗争の嘆きの声が交錯する、歴史の舞台である。悠久の星霜にみがかれて人びとを魅了して止まない歴史の舞台を、古代史の碩学が縦横に活写した傑出の飛鳥史。

（価格は税別）

飛鳥から藤原京へ（古代の都①）

木下正史・佐藤　信編　四六判・三四二頁・原色口絵四頁／二八〇〇円

古墳時代から決別し、本格的な古代国家が形づくられた飛鳥・藤原京の時代。対外交流による文明開化と社会が大きく変貌していく古代日本の姿を、宮都や寺院跡、出土遺物・木簡や文献史料、仏像や古墳壁画などから迫る。

飛　鳥　その古代史と風土（読みなおす日本史）

門脇禎二著　四六判・三〇八頁／二五〇〇円

甘檮岡に立つと飛鳥の展望は美しい…。蘇我氏、飛鳥寺、飛鳥板蓋宮、石舞台、亀石、大海人皇子、律令制、文化財保存など多彩なテーマを、緻密な文献考証と発掘成果をもとに描き出す名著。飛鳥を訪ねる人々の座右の書。

人をあるく　蘇我氏と飛鳥

遠山美都男著　A5判・一五八頁／二〇〇〇円

六～七世紀半ば、大臣として天皇の権力をささえた、稲目・馬子・蝦夷・入鹿ら蘇我氏四代。狭小な飛鳥の地をいかに切り拓き、隋唐に対抗できる都市的空間を築いたか。従来の蘇我氏像を書きかえ、王権の聖地の姿に迫る。

（価格は税別）

吉川弘文館

研究史 飛鳥藤原京

八木　充著

四六判・三〇六頁／二九〇〇円

古代史の主舞台・飛鳥藤原京は、どのような宮都だったのであろうか。近年考古学の発掘調査による知見は従来の宮都像を一新しつつある。本書は、古代から近現代の宮都研究の軌跡をたどり、克明に論点を整理した力編。

飛鳥と古代国家（日本古代の歴史②）

篠川　賢著

四六判・二八六頁・原色口絵四頁／二八〇〇円

飛鳥に都がおかれた六、七世紀の日本はいかなる時代だったのか。継体・欽明朝から蘇我氏の台頭、乙巳の変、壬申の乱をへて藤原京の時代まで、激動する東アジア情勢の中で古代国家と飛鳥・白鳳文化が形成された実像に迫る。

飛鳥史跡事典

木下正史編

四六判・三三六頁／二七〇〇円

「日本国」誕生と古代〝文明開化〟の舞台、飛鳥・藤原の地。宮殿・寺院・陵墓の史跡など約一七〇項目を、歴史的事件や関連人物とともに解説。史跡巡りのコースや展示施設も紹介するなど、歴史探訪に必携のハンドブック。

（価格は税別）

吉川弘文館